HUANG Beijia

L'Ecole des vers à soie

Roman traduit du chinois
par Patricia Batto et Gao Tian Hua

Picquier Jeunesse

Titre original : *Wo yao zuo ge hao hai zi*

ISBN : 2-87730-881-2
ISBN 13 : 978-2-87730-881-6

Sommaire

Brève présentation indispensable du personnage principal

Nom : Jin. Prénom : Ling, ou « Clochette ». Sexe : féminin. Vient de fêter son onzième anniversaire et est en dernière année à l'école primaire de la rue Xinhua. Taille : un mètre cinquante-cinq, poids : cinquante kilos ; dans une compétition sportive, ferait partie de la catégorie des poids lourds. Son embonpoint et son visage tout en rondeurs la rendent sympathique dès le premier abord, et donnent envie de lui pincer les joues. Jin Ling prétend qu'on l'a tellement pincée depuis toute petite qu'il est étonnant qu'elle n'en ait pas gardé de marques.

Jin Ling a pour particularité de se lier facilement avec n'importe qui, garçons ou filles, personnes âgées ou enfants, riches ou pauvres, gens importants ou non. Elle trouve des sujets de conversation, quelque chose à dire à tout le monde ; elle arrive même à faire rire aux éclats.

Sur le chemin de l'école à chez elle, il y avait quatre petits bazars, trois étals pour manger un morceau sur le pouce, un coiffeur, l'éventaire d'un réparateur de bicyclettes et une boutique d'objets à offrir, ouverte depuis peu. Tous les patrons et les employés de ces commerces, jeunes et vieux, étaient ses amis.

A la sortie de l'école, son sac sur le dos, elle flânait, regardait de la rue les rayons des bazars pour vérifier s'il n'y avait pas de nouvelles choses qui se mangent ou qui l'amusent, comme des paquets de biscuits avec un dinosaure en plastique à l'intérieur, des fils pour tresser des scoubidous, des figurines de héros de dessins animés. Même si le patron de la boutique avait, par inadvertance, posé ces objets dans un recoin, Jin Ling les trouvait toujours du premier coup d'œil ; elle en achetait un, ou demandait au patron de les sortir des rayons pour les toucher.

Elle se rendait ensuite dans l'une des maisons devant lesquelles se trouvait un étal de nourriture, à la recherche de son ami de toujours, un petit chat tigré jaune tout sale. Elle se glissait dans la maison en habituée des lieux, et se rendait jusqu'à la chambre à coucher. Là, sur le lit, elle prenait le chaton qui se blottissait dans ses bras. Elle lui caressait la tête, puis le laissait repartir. Les gens qui ne connaissaient pas Jin Ling auraient pu croire qu'elle habitait là.

Elle passait ensuite sans un regard devant la boutique du coiffeur – les salons de coiffure et de beauté ne l'intéressaient pas –, pour se rendre directement chez le réparateur de vélos. Accroupie, elle regardait le vieil homme travailler, en échangeant de temps à autre quelques phrases avec lui. Tout à coup, en relevant la tête, elle apercevait sa mère sur le balcon, qui la fixait les sourcils froncés, l'air menaçant. Jin Ling se redressait vite, disait au revoir au vieux monsieur, et se dépêchait de monter chez elle.

C'est ainsi que pour parcourir les deux cents mètres qui séparaient l'école de la maison, il lui fallait au moins une demi-heure.

Une fois, elle avait rencontré en chemin un garçon et une fille qui poussaient un vélo, et, tout naturellement, elle avait lié conversation avec eux. Comme ils la trouvaient amusante, ils lui avaient proposé de prendre place sur le porte-bagages du vélo, et l'avaient amenée jusqu'à la porte de son immeuble.

A la maison, elle avait tout raconté à sa mère. Celle-ci était devenue blanche de frayeur et s'était mise à hurler : « Tu n'es vraiment pas possible ! Et s'il s'était agi de trafiquants d'enfants ? »

Jin Ling avait répondu en faisant la moue : « Tu me crois tellement naïve ? Si on m'enlevait, tu crois que je ne crierais pas au secours ?

— Et si tu ne t'en rendais pas compte, parce que tu es occupée à bavarder et à rigoler ? Et si on te droguait ?

— Je ne vois pas qui voudrait de quelqu'un de gros comme moi, avait grommelé Jin Ling, ils auraient peur que je coûte trop cher à nourrir. »

Sa mère lui avait quand même fait la leçon, lui recommandant de ne pas parler à des inconnus, de ne pas accepter à manger de la part d'inconnus – car il pouvait y avoir des somnifères dedans ; et si la personne sortait un petit flacon ou quelque chose de ce genre, il fallait s'enfuir immédiatement, car il pouvait contenir de la drogue. Surtout, il ne fallait jamais accepter de monter dans un taxi, car les taxis kidnappaient souvent les enfants.

Jin Ling s'était bouché les oreilles : « Ça va, ça va, je n'ai pas sept ans ! »

Pour les résultats scolaires de Jin Ling, la situation était la suivante : le chinois, ça allait, surtout les questions difficiles, pour lesquelles il fallait avoir des connaissances extrascolaires ; elle avait toujours des idées originales.

En rédaction, cela dépendait. Si le sujet lui plaisait, enthousiasmée, elle s'en donnait à cœur joie, écrivait à la perfection, et avait droit aux félicitations du professeur. Malheureusement, cela n'arrivait pas souvent. La plupart du temps, le sujet était précis et banal ; par exemple, « Mon professeur », « Mon voisin en classe », « Une excursion dans un parc », « Une visite d'un endroit quelconque », etc. Pour ce genre de sujet, il fallait se fonder sur la réalité, on ne pouvait pas écrire n'importe quoi. En brodant trop, si le professeur lisait la rédaction devant tout le monde, le pot-aux-roses risquait d'être découvert. Jin Ling était peureuse, elle n'osait pas se livrer à ce genre de tour de passe-passe, aussi la plupart du temps avait-elle pour note 80 sur 100.

Le plus grave était que Jin Ling était tête en l'air. Elle faisait un nombre incroyable de fautes d'orthographe : elle écrivait un mot à la place d'un autre, comme « vert » pour « vers », ou alors elle laissait des mots incomplets. En réalité, elle aurait très bien pu éviter ces fautes, simplement elle ne faisait pas attention, remplaçait un mot par un autre dans le feu de l'action, et sa copie lui était rendue marquée d'une grande croix rouge. Sa rédaction avait beau être bonne, une vingtaine de fautes d'orthographe coûtaient beaucoup de points. Aussi, en général, ses résultats en chinois tournaient autour de 85 sur 100, ne dépassaient jamais les 90 et ne descendaient jamais sous les 80.

En mathématiques, la situation n'était pas aussi reluisante. C'était la matière que Jin Ling aimait le moins. Surtout quand il fallait à la fois additionner, soustraire, multiplier et diviser, qu'il y avait des décimales et des fractions ; elle se décourageait tout de suite, calculait n'importe comment, se trompait au moins six fois sur dix. Depuis qu'elle était petite, sa mère se souciait pour elle à propos des mathématiques. Tous les soirs, elle lui faisait faire des exercices, sans que ses résultats ne s'améliorent pour autant.

Evidemment, les professeurs s'inquiétaient aussi pour Jin Ling. Ils disaient : « Les mathématiques comptent énormément dans l'examen d'entrée au collège. C'est une matière déterminante. »

Sa mère ajoutait : « Les mathématiques sont importantes pour le collège, mais aussi plus tard, pour le concours d'entrée au lycée ou à l'université. Ne pas être bonne en maths, c'est grave. »

Mais, justement, Jin Ling n'était pas bonne en maths.

Sa mère comptait et recomptait sur ses doigts, sans réussir à trouver de qui Jin Ling pouvait bien tenir les gènes qui la rendaient mauvaise en maths. Le père de Jin Ling avait fait des études d'ingénieur, il était évidemment bon en maths. Elle-même avait fait des études de lettres, mais au lycée elle était parmi les meilleurs en maths : ses excellents résultats au concours d'entrée à l'université, elle les avait dus à sa bonne note dans cette matière, et ses frères et sœurs avaient tous fait des études d'ingénieur. Du côté de son mari, trois personnes sur quatre étaient comptables… Vraiment, elle ne trouvait rien qui puisse expliquer la chose. De toute évidence, Jin Ling ne travaillait pas assez, se laissait vivre. Elle était trop molle, il n'y avait rien à en tirer.

En anglais, les résultats de Jing Ling étaient malheureusement décevants, d'environ 90 sur 100. Lors d'une épreuve d'anglais de quarante minutes par exemple, au bout de moins de dix minutes Jin Ling avait déjà terminé et rendait sa copie. Quand le professeur d'anglais regardait la feuille, ou Jin Ling avait oublié la majuscule en début de phrase, ou les annotations phonétiques étaient fausses, ou c'était si mal écrit que c'était quasi indéchiffrable. Le professeur d'anglais aimait beaucoup Jin Ling, car elle avait un bon accent, une bonne oreille ; elle lisait bien en anglais et était excellente à l'oral. Mais qu'y faire, si elle rendait une copie aussi brouillonne ? Il ne pouvait tout de même pas lui dire : « Tu as fait beaucoup de fautes, reprends ton devoir et corrige-le. » Cela aurait été du favoritisme flagrant. Les enfants d'aujourd'hui sont très sensibles à ce genre de chose.

Une fois, Jin Ling avait eu exceptionnellement 99 sur 100 à un test d'anglais. Sa mère en avait pleuré de joie. Mais peu de temps après, elle avait découvert, en se rendant à l'école à une réunion de parents d'élèves, que plus de vingt élèves avaient eu 100 sur 100 à ce test.

Jin Ling était comme ça, elle ne faisait partie ni des bons élèves ni des mauvais. Elle était gaie et insouciante ; se fâcher ou se montrer sévère ne servait à rien.

Mais sa mère ne se résignait pas, essayait de trouver des raisons à cet état de choses, et finissait par s'en prendre à elle-même en pensant qu'elle l'avait fait entrer à l'école trop tôt. En général, les enfants allaient à l'école à six ans passés, mais comme sa mère se préoccupait de la réussite de Jin Ling, elle l'avait inscrite avant six ans. Jin Ling était née en septembre, les services de l'état civil avaient mal écrit le 9, et sa mère en avait profité pour transformer le « 9 » en « 7 ». Lors de l'inscription, elle avait réussi à duper tout le monde.

Plus tard, sa mère avait appris que certains de ses collègues avaient, eux aussi, maquillé l'état civil de leur enfant, ou fait appel à des relations pour qu'il entre à l'école plus jeune. Mais ces enfants semblaient tous mûrs et équilibrés. De toute évidence, l'âge n'était pas déterminant dans les résultats.

La grand-mère maternelle disait à la mère de Jin Ling : « Tu ne peux t'en prendre qu'à toi-même. Tu n'as pas établi de règles strictes au départ. »

Cette analyse ne manquait pas de perspicacité. La mère de Jin Ling était une littéraire, elle avait été influencée par la pensée occidentale, prisait les méthodes d'éducation européennes et américaines. Dès que Jin Ling s'était mise à marcher à quatre pattes et qu'elle avait su parler, elle l'avait laissée libre, l'avait encouragée à penser librement, à agir librement. Quand elle voulait marcher, elle la laissait marcher, quand elle souhaitait s'allonger, elle la laissait s'allonger, et elle n'avait pas commencé à lui apprendre à lire et à compter. Elle la gavait de contes et de récits mythologiques, l'emmenait à l'époque des dinosaures ou à l'ère spatiale. Aussi Jin Ling débordait-elle d'imagination mais n'avait pas beaucoup de sens pratique, elle était indisciplinée et ne s'embarrassait pas de convenances.

Voici quelques exemples qui datent de l'entrée de Jin Ling à l'école primaire.

La mère de Jin Ling qualifiait son cartable, rempli d'un désordre indescriptible, de « poubelle ». Un jour, en cours, un professeur décida soudain de donner des devoirs, et demanda aux enfants de prendre un stylo pour les noter. Jin Ling plongea la tête dans son cartable et fouilla pour en extraire sa trousse. Mais quand elle l'ouvrit, elle était vide, les stylos et la règle étaient tombés au fond du sac. Elle les chercha de la main, trouva un crayon, mais sa pointe était cassée ; puis elle trouva un porte-mine, il ne fonctionnait pas non plus. A ce moment-là, le professeur avait déjà commencé à dicter ; Jin Ling s'énerva, tira sur le cartable qui se renversa avec fracas : les crayons, la gomme, le canif, les cahiers, des objets de toutes les couleurs s'éparpillèrent par terre. Tout autour, les autres élèves tendaient le cou pour voir, c'était la pagaille. Le professeur punit Jin Ling en l'envoyant au coin pour le reste du cours. Le lendemain, Jin Ling, qui n'avait pas fait les devoirs puisqu'elle n'avait pas réussi à les noter, fut à nouveau punie et dut recopier un texte.

La municipalité avait décerné le titre d'« enseignant exemplaire » au professeur de chinois du cours préparatoire, et d'autres enseignants venaient donc souvent assister à ses cours. Une fois, pendant l'un d'eux, Jin Ling, qui trouvait que ses chaussures la serraient et lui faisaient mal aux pieds, les retira discrètement sous la table. Un peu plus tard, le professeur posa une question sur des mots de sens proche. Jin Ling leva tout de suite la main. Le professeur, qui pensait que Jin Ling connaissait la réponse, l'appela. Mais quand Jin Ling se leva, d'un seul coup elle se souvint qu'elle était pieds nus, et se précipita sous la table pour chercher ses chaussures. Mais elle ne les trouva pas. Sans s'en rendre compte, elle les avait poussées sous la chaise de son voisin de devant. Il y avait alors dans la classe vingt ou trente enseignants de la ville, venus assister au cours ; le professeur de chinois était rouge de honte et de colère.

Il s'était plaint de Jin Ling à sa mère : « Les pieds nus, passe encore, si elle n'avait pas cherché ses chaussures, on aurait pu éviter cette situation grotesque. » En son for intérieur, la mère de Jin Ling pensait : Comment une enfant de six ans pourrait-elle faire face à ce genre de situation ?

Jin Ling, dont le cartable n'était pas rangé, égarait toujours ses affaires. Elle perdait en moyenne une gomme tous les deux jours. Sa mère, qui en avait assez d'acheter des gommes, en rapporta carrément une boîte entière à la maison. Mais, très vite, Jin Ling réclama à nouveau une gomme.

« Où sont passées toutes les tiennes ? demanda sa mère.

— Je les ai utilisées, répondit la fillette d'un air innocent.

Sa mère alla vérifier. Effectivement, la boîte était complètement vide.

Cette fois, sa mère se mit vraiment en colère, elle empoigna Jin Ling, la maintint sur le lit et lui administra une fessée, en l'avertissant :

« Demain, dès que tu arriveras à la maison, je vérifierai si tu as toujours ta gomme. Si tu l'as perdue, tu seras privée de dîner. »

Le lendemain, quand Jin Ling rentra de l'école, sa mère l'attendait devant la porte : « Et ta gomme ?

— Je ne l'ai pas perdue aujourd'hui », s'empressa d'annoncer Jin Ling, et elle se mit aussitôt à chercher dans son sac.

Mais impossible de mettre la main dessus. Que ce soit dans les grandes poches du cartable, les petites poches, la trousse ou les autres compartiments, pas de trace de gomme. Sa mère se renfrogna, leva la main comme pour la frapper : Jin Ling était vraiment insupportable ! Même dans une famille richissime, perdre ainsi sans cesse ses affaires aurait été inadmissible.

La situation était suspendue à un fil. Soudain Jin Ling s'écria d'une voix stridente : « Je l'ai ! »

Elle ouvrit sa main dans laquelle apparut une gomme toute chaude et humide. A la fin des cours, elle n'avait cessé de penser à la gomme, et encore à la gomme. Elle l'avait carrément gardée en main jusqu'à la maison. Mais en marchant, en regardant à droite et à gauche, elle avait fini par oublier qu'elle la tenait dans sa main !

Voilà le personnage principal, Jin Ling, une petite fille amusante et énervante à la fois.

Les professeurs

Des professeurs, il y en avait beaucoup. Nous n'en évoquerons ici que deux : l'ancien et le nouveau.

L'ancien était Mme Wang. Mariée depuis peu, elle avait de longs cheveux lisses et souples qui lui tombaient jusqu'aux épaules, de grands yeux brillants, et toujours le sourire aux lèvres ; sa bonne humeur rayonnait comme le soleil.

Jin Ling aimait beaucoup les femmes aux cheveux longs, elle adorait particulièrement les publicités pour les shampoings à la télévision. Comme, en plus, Mme Wang était gentille, elle lui vouait une admiration sans bornes. En dehors des cours, Jin Ling s'approchait doucement d'elle pour lui caresser les cheveux, lui dire de petits mots doux, lui offrir de beaux autocollants. Aussi Mme Wang avait-elle un petit faible pour Jin

Ling, disait qu'elle était bonne en rédaction et lui avait donné plusieurs fois 98 sur 100.

Mais les bons moments sont toujours trop courts. Un an ne s'était pas écoulé que le mari de Mme Wang qui étudiait aux Etats-Unis avait obtenu un visa pour sa femme, afin qu'elle le rejoigne. Mme Wang allait démissionner pour se rendre aux Etats-Unis.

Quand elle fut sur le point de partir, Jin Ling perdit tout entrain. Elle n'arrêtait pas de demander à sa mère, les larmes aux yeux : « Qu'est-ce qu'il y a de mieux que chez nous aux Etats-Unis ? Pourquoi veut-elle partir ?

— Qu'est-ce qu'il y a de mieux chez nous qu'aux Etats-Unis ? lui répondait sa mère. Pourquoi ne partirait-elle pas ? Si ça se trouve, quand tu seras grande, tu iras aussi. »

Jin Ling était affligée, comme si c'était elle qui allait quitter sa famille sous peu. Elle fouilla toute la maison, et sélectionna quelques-unes de ses peluches préférées pour les offrir au professeur Wang.

Sa mère dit : « Tu ne comprends vraiment rien ! Quand elle partira aux Etats-Unis, elle devra emporter de la nourriture, des vêtements, des cadeaux, tellement de choses que sa valise aura du mal à les contenir ; elle n'aura sûrement pas de place pour tes jouets. Et si ses bagages dépassent le poids autorisé, elle devra payer une forte amende. »

Jin Ling, qui ne souhaitait évidemment pas que le professeur écope d'une amende, décida alors de lui offrir une magnifique carte de Noël, même si c'était encore l'été. Elle réussit à obtenir l'adresse du professeur aux Etats-Unis, la recopia avec application sur une feuille de papier qu'elle demanda à sa mère de bien ranger, en expliquant qu'elle avait l'intention d'écrire au professeur Wang.

Le semestre n'était pas terminé que le professeur partit.

Le nouveau s'appelait Mme Xing. Elle avait la cinquantaine, était toute petite et toute maigre. Elle portait toujours des chaussures de sport blanches et marchait aussi vite que le vent. Quand elle parlait, c'était de manière extrêmement rapide et saccadée : en une minute, elle était capable de prononcer des centaines de mots ; et quand elle faisait la leçon à quelqu'un, cela durait une heure ou deux. Aussi les élèves la craignait un peu.

Au début, Jin Ling n'avait pas eu peur d'elle, car elle arrivait à s'entendre avec n'importe qui. Mais un jour, elle s'était rendue dans la salle des professeurs pour chercher un cahier ; elle s'était accoudée au bureau de Mme Xing et avait balancé devant elle une petite figurine en pierre accrochée au bout d'une ficelle rouge, en lui demandant, souriante : « Ça vous plaît ? » Mme Xing avait levé les yeux et répondu d'un ton sévère : « On ne s'amuse pas à ce genre de chose avec son professeur. »

Jin Ling avait eu l'impression qu'on lui versait de l'eau glacée sur le cœur ; profondément blessée, elle avait failli pleurer.

A partir de ce jour-là, Jin Ling éprouva un sentiment de rejet à l'égard du nouveau professeur, elle avait l'impression qu'il n'égalait en rien l'ancien. Mme Xing n'était pas aussi belle, ne s'exprimait pas aussi bien ; même quand elle écrivait à la craie au tableau, ses mots étaient moins joliment tracés que ceux de l'ancien professeur. Elle disait à sa mère en faisant la moue : « Elle écrit n'importe comment. Dans notre classe, même Lin Zhihe écrit mieux qu'elle. »

Sa mère était très inquiète. La sixième année d'école primaire était déterminante, car c'était la dernière avant le collège. Changer de professeur en cours d'année n'était déjà pas très indiqué, si en plus le professeur et les élèves ne s'entendaient pas... Elle se rendit à l'école pour se renseigner, et découvrit que Mme Xing était un professeur très expérimenté, qu'elle avait fait passer l'examen de fin d'études primaires à d'innombrables promotions d'élèves. Tranquillisée, la mère de Jin Ling veilla à louer souvent le nouveau professeur devant sa fille : « Oh ! là, là ! réussir à trouver un sens aussi profond à ce texte n'est pas à la portée de tout le monde ! » Ou encore : « Les remarques sur cette rédaction sont vraiment intéressantes, je n'y aurais jamais pensé. »

Mais cela n'avait aucun effet sur Jin Ling qui se contentait de pouffer : « Tu n'es pas professeur, évidemment que tu n'y as pas pensé. »

Sa mère en restait suffoquée et abattue ; elle trouvait que sa fille avait vraiment grandi, qu'elle commençait à avoir des opinions bien à elle.

Une semaine ne s'était pas écoulée depuis le départ de Mme Wang que Jin Ling voulut déjà lui écrire. Sa mère lui dit : « Tu es trop pressée. Elle a certainement à peine eu le temps de s'installer.

— Combien de temps met une lettre pour arriver aux Etats-Unis ? s'enquit Jin Ling.

— Au minimum une semaine, dix jours tout au plus.

— Alors c'est bon ! décréta Jin Ling. En dix jours, on a largement le temps de s'installer. »

Penchée sur son bureau, Jin Ling écrivait. Elle commença par faire un brouillon, puis recopia. Elle ne s'était jamais autant appliquée pour une rédaction. Sous divers prétextes, sa mère essaya de voir ce qu'elle écrivait, mais Jin Ling cachait habilement sa feuille avec ses bras et, aux aguets, attendait que sa mère soit repartie pour continuer.

Sa mère était un peu jalouse ; d'un ton affecté, elle dit : « Ma fille est devenue une demoiselle, elle a des secrets même pour sa mère !

— On a droit au secret pour les lettres personnelles ! » rougit Jin Ling, énervée.

La lettre terminée, elle eut le toupet de demander à sa mère d'écrire l'adresse sur l'enveloppe. Elle craignait qu'en l'écrivant mal, sa lettre ne parvienne pas au professeur Wang.

Quinze jours plus tard, arriva une réponse, adressée au concierge de l'école de la rue Xinhua. Le vieux concierge appela Jin Ling devant plusieurs autres élèves pour qu'elle vienne prendre sa lettre. Jing Ling était toute rouge d'excitation, ses yeux brillaient. Elle rentra en courant à la maison, et cria de la cage d'escalier : « Maman, elle m'a répondu ! » Elle lut et relut la lettre, jusqu'à la connaître par cœur, y compris les signes de ponctuation. Ensuite elle la glissa avec soin sous son oreiller, pour dormir dessus toutes les nuits.

Jin Ling envoya une autre lettre au professeur Wang, mais celle-ci resta sans réponse. A l'école, elle en parla à des camarades qui lui dirent : « Il paraît que le professeur Wang a déménagé là-bas, aux Etats-Unis. » Jin Ling était très déçue et fut déprimée plusieurs jours durant.

Jin Ling écrivait très mal au stylo à plume. Non seulement ses caractères semblaient tout mous, sans ossature, mais en plus elle se trompait tout le temps, par manque d'application et de sérieux. Comme elle n'arrêtait pas de coller des bouts de papier pardessus ses erreurs et d'utiliser du fluide correcteur, son cahier paraissait criblé de blessures et de cicatrices ; on aurait dit un soldat blessé sortant d'un champ de bataille, le corps couvert de sparadrap. Le professeur Xing déchirait souvent son cahier et lui donnait pour punition de tout récrire. Un jour, il lui demanda de tout recopier cent fois. Jin Ling détestait autant le professeur Xing qu'elle en avait peur et son sentiment de rejet devenait de plus en plus fort.

Une nuit, la mère de Jin Ling fut réveillée par les pleurs de sa fille. Elle enfila un vêtement et alla la trouver. Dans le noir, Jin Ling, vêtue d'un simple tee-shirt, était assise sur son lit, secouée de sanglots. Sa mère la prit par les épaules et lui demanda : « Qu'est-ce qui se passe ? Tu as fait un cauchemar ? » Jin Ling répondit en pleurant : « Le professeur Wang me manque ! »

La mère de Jin Ling, peinée, serra sa fille contre elle, en pensant : Cette enfant est trop sentimentale. Elle se dit également : C'est aussi la faute du professeur Wang, puisqu'elle avait promis de correspondre avec Jin Ling, elle aurait dû lui envoyer sa nouvelle adresse après avoir déménagé.

Les relations entre Jin Ling et le nouveau professeur restèrent tendues pendant presque deux mois.

Avant les examens de mi-semestre, le professeur Xing convoqua Jin Ling dans la salle des professeurs, et lui fit la leçon très sévèrement, un bon moment, en lui demandant d'adopter une meilleure attitude, de s'appliquer pour ses devoirs, d'être plus persévérante dans son travail. Jin Ling jouait avec ses mains : elle affichait ostensiblement une attitude désinvolte pour bien montrer que le sermon entrait par une oreille pour ressortir par l'autre.

La sonnette de début des cours retentit. Le professeur lui fit signe de la main de s'en aller, l'entretien était terminé. Jin Ling était soulagée. Prête à prendre ses jambes à son cou, elle arrivait à la porte de la salle des professeurs quand Mme Xing dit tout d'un coup dans son dos : « En réalité, tu es très intelligente. »

Jin Ling, surprise, se retourna, hésitante, vers le professeur : « De qui parlez-vous ?

— De toi, évidemment ! Tu as de grandes qualités, un énorme potentiel, si tu donnais toute ta mesure, tu pourrais être la première de la classe. »

Jin Ling resta pétrifiée. Elle était au bord des larmes. Finalement, elle retourna dans la salle de classe.

Ce jour-là, de retour à la maison, Jin Ling raconta comme d'habitude, avec force détails, tout ce qui s'était passé à l'école à sa mère. Au milieu du flot de paroles, émergea soudain cette phrase : « Tu sais ? En fait, quand le professeur Xing rit, elle est vraiment jolie.

— Comment cela ? demanda sa mère.

— Ses yeux dessinent deux fentes et on voit ses dents, elle ressemble à une petite fille. »

Un moment plus tard, Jin Ling soupira encore : « J'aime tellement la voir rire ! »

Les parents de Jin Ling

En réalité, il n'y a pas grand-chose à dire des parents de Jin Ling.

Comme la plupart des enfants, elle avait un père et une mère.

Le nom de son père était Jin, son prénom Yiming. Il enseignait dans la plus grande université de la ville, en tant que professeur adjoint depuis cinq ans. Comme il était sur le point d'être promu professeur, il était très occupé et n'avait guère le temps de s'occuper de sa famille. Jin Ling se confiait plutôt à sa mère.

Agé de quarante ans, Yiming avait une large carrure et était solidement bâti. Il ne ressemblait pas à un chercheur : s'il n'avait pas porté une paires de lunettes assez raffinées, on aurait pu le prendre pour un footballeur. Jin Ling avait hérité de la constitution de son père. Quelquefois, quand elle se regardait dans un miroir, en voyant son épaisse silhouette elle ne pouvait s'empêcher de s'en prendre à sa mère : « Pourquoi n'as-tu pas choisi un mari beau comme Zorro ?

— Tu n'existerais pas alors, la taquinait sa mère.

— Mais si, j'existerais, répondait Jin Ling, très sûre d'elle, mais j'aurais une autre apparence. »

Sa mère arrêtait la discussion là ; elle avait quelquefois l'impression que Jin Ling comprenait trop de choses, qu'elle réfléchissait trop, et que c'était l'une des raisons qui l'empêchaient de se concentrer sur ses études.

Le nom de la mère de Jin Ling était Zhao, son prénom Huizi. Pour les gens qui ne savaient pas comment s'écrivait son prénom, il avait une consonance japonaise. Le professeur Wang avait demandé à Jin Ling : « Ta mère a du sang japonais ? » En réalité, sa mère, de grande taille, ne ressemblait pas du tout à une Japonaise.

Zhao Huizi travaillait dans un magazine féminin de la ville, qui marchait bien. Elle était chargée de l'édition des pages culturelles.

Parmi ses anciens camarades d'université, nombreux étaient ceux qui étaient devenus écrivains, auteurs dramatiques, metteurs en scène ou journalistes. Aussi n'avait-elle aucun mal à réunir les articles nécessaires. Tous les mois, elle passait quelques coups de téléphone de chez elle ; ensuite elle remaniait les articles reçus, les donnait au maquettiste, et c'était à peu près réglé. Dans un magazine, il n'y avait pas d'horaires fixes, qu'on se rende ou non au travail n'avait pas beaucoup d'importance. Si on disait être en rendez-vous extérieur pour ramasser la copie, personne ne pouvait vérifier si c'était vraiment le cas ou si on en profitait pour rester en douce à la maison.

Quand elle était encore étudiante, Zhao Huizi était très ambitieuse. Elle et ses copines avaient débattu des années durant du thème de la « couleur de fond ». Pour la stabilité du foyer, un seul des conjoints pouvait se consacrer à sa carrière ; pour être mises en valeur, des fleurs rouges ont besoin d'un fond de feuillage vert : du mari et de la femme, qui servirait de « couleur de fond » à l'autre ? Autrement dit, qui s'occuperait du foyer, des tâches ménagères, de l'enfant ? Qui se consacrerait à son travail, à sa carrière, pour décrocher le prix Nobel, devenir ministre ou Premier ministre ? Zhao Huizi avait proclamé devant ses copines qu'elle chercherait un mari qui accepterait de jouer le rôle de « couleur de fond » !

Pour finir, elle avait épousé Jin Yiming. Et pendant leurs plus de dix ans de vie commune, elle lui avait servi de « couleur de fond ».

Zhao Huizi ne se plaignait pas. C'était la vie. Des fleurs plantées avec soin pouvaient ne jamais éclore, alors qu'un rameau de saule piqué par mégarde dans le sol donnerait naissance à une rangée d'arbres. Il était impossible de prévoir ce qui se passerait dix ou vingt ans plus tard ; on ne pouvait qu'avancer pas à pas.

Pour être honnête, il fallait préciser que Jin Yiming essayait de remplir de son mieux son devoir de père. Mais dès qu'il se consacrait à quelque chose, il se montrait trop consciencieux, s'appliquait trop. Paradoxalement, le résultat était souvent catastrophique.

Quelques exemples.

Quand Jin Ling était petite, elle prenait du lait en poudre. Un jour qu'il n'y avait plus de lait à la maison, Zhao Huizi qui ne pouvait pas sortir demanda à Jin Yiming d'aller en acheter. Jin Yiming accepta de bon cœur, mais cela lui prit trois heures. Jin Ling hurlait de faim à la maison, et Jin Yiming avait disparu. Celui-ci avait fait une bonne dizaine de magasins, avait minutieusement étudié la composition de plus d'une dizaine de laits en poudre, fabriqués en Chine et à l'étranger. Telle marque présentait tel avantage, mais telle autre avait tel point fort ; plus il comparait, moins il arrivait à se décider. Finalement, il résolut d'en parler d'abord à sa femme, et rentra les mains vides. Zhao Huizi, folle de rage, lui jeta un regard glacé sans dire un mot.

Quand Jin Ling fut sur le point d'avoir un an, c'était le plein été. Un jour, à midi, Zhao Huizi qui devait aller au magazine remettre des articles chargea Jin Yiming de coucher leur fille pour la sieste. Là encore, Jin Yiming s'acquitta de sa mission avec une extrême minutie. La petite endormie, il s'endormit aussi à côté d'elle, profondément. Quand Zhao Huizi revint à la maison, elle faillit s'étouffer de rire : Jin Ling avait tellement fait pipi que les shorts du père et de la fille étaient complètement trempés. Tous deux, tête contre tête, ronflaient en chœur.

Une autre fois, alors que Jin Ling était un peu plus grande, elle réclama d'aller au zoo voir les daims. Son père se porta volontaire pour l'y emmener. Il ne faisait pas très beau ce jour-là, et à peine étaient-ils arrivés au zoo que le vent se mit à souffler à grandes bourrasques. Normalement, par un temps pareil, après la visite aux daims on ramenait l'enfant en vitesse à la maison. Mais Jin Yiming pensa que, puisqu'ils étaient au zoo, autant bien regarder tous les animaux. Au bout de deux heures, Jin Ling était tellement gelée qu'elle en avait la bouche toute bleue. A la maison, elle eut une poussée de fièvre, elle avait attrapé une bronchite.

De ce jour-là, Zhao Huizi renonça pour toujours à confier la moindre chose à faire à Jin Yiming et perdit tout espoir de répartition équitable des tâches. Accepter de faire quelque chose mais ne pas y arriver était une chose. Savoir accomplir une tâche mais ne pas vouloir le faire en était une autre. Il y avait une différence essentielle entre les deux ; aussi Zhao Huizi n'en voulait-elle pas à son mari.

Pour les revenus du foyer, la situation était la suivante : le magazine où travaillait Zhao Huizi se vendait bien ; tous les mois, en plus de son salaire qui tombait régulièrement, elle touchait une prime de montant variable. Et, à l'occasion du Nouvel An et des autres fêtes, des primes en nature étaient distribuées ; ça allait. Le salaire de Jin Yiming était légèrement plus élevé que celui de sa femme, mais il ne touchait ni primes ni avantages en nature. Auparavant, quand il faisait encore des recherches pour terminer ses études, ils avaient du mal à boucler les fins de mois. Mais depuis quelques années, depuis que Jin Yiming dirigeait des recherches, la situation s'était beaucoup améliorée : comme certains travaux avaient des applications pratiques, en tant que professeur, il touchait de l'argent. L'argent qui revenait à son département était d'abord distribué aux niveaux supérieurs et, de plus, il ne fallait pas oublier le personnel non enseignant : ce que touchait finalement Jin Yiming ne représentait donc pas grand-chose, mais c'était mieux que rien. De temps en temps, Jin Yiming publiait aussi des articles scientifiques. Au début, il payait pour ses publications, mais par la suite il réussit à obtenir un budget pour ses recherches, sur lequel il pouvait prélever ses frais de publication. Souvent, Jin Yiming rapportait un ou deux mandats à la maison, qu'il remettait à Zhao Huizi, au grand bonheur de toute la famille.

En résumé, la situation financière du foyer n'était ni des meilleures ni des pires, comme les résultats scolaires de Jin Ling.

Sacrées mathématiques

En sixième et dernière année d'école primaire, les élèves étaient littéralement bombardés de tests dans les trois matières principales ; en moyenne, il y en avait un tous les trois jours. Une fois les copies corrigées, les professeurs les classaient et traçaient en haut de chacune d'elles un petit cercle rouge dans lequel ils inscrivaient le rang de classement, du premier au cinquante-quatrième. Puis ils distribuaient les copies aux élèves pour qu'ils les fassent signer, à la maison, par leurs parents.

C'était un moment vraiment terrible pour ceux qui avaient des mauvaises notes. Et le supplice se renouvelait sans cesse : à peine une copie était-elle signée qu'en arrivait une autre ; la pression ne se relâchait jamais.

Qian Xiaogang, un élève de la classe de Jin Ling, avait une très belle écriture qui lui avait d'ailleurs valu des prix de calligraphie ; ses dons de faussaire étaient encore plus impressionnants : il se vantait de savoir imiter les signatures des parents des cinquante-quatre élèves de la classe, sans que les professeurs ne s'aperçoivent de rien. Mais il était escroc jusqu'au bout des ongles : il demandait cinq yuans par signature contrefaite ! Jin Ling, qui n'avait que dix yuans d'argent de poche par mois, avait du mal à accepter que Qian Xiaogang lui en extorque, d'un coup, la moitié.

Le mois précédent, Jin Ling avait eu 70 sur 100 en mathématiques ; dans le petit cercle rouge qui attirait l'œil en tête de la copie, le professeur avait écrit « 47e ». Ce jour-là, à la sortie des cours, Jin Ling regretta que le chemin de l'école à chez elle soit si court ; s'il avait été interminable, elle aurait pu rester indéfiniment en route et n'aurait pas eu à montrer à sa mère sa mauvaise note.

Elle finit par arriver à la maison. Tête basse, elle sonna. Sa mère ouvrit la porte. En voyant le visage tendu de Jin Ling, elle demanda immédiatement : « Tu as raté ton examen de maths ? »

Sa mère avait vraiment des dons de divination : elle savait si les notes de Jin Ling étaient bonnes ou mauvaises du premier coup d'œil, comme si elles étaient gravées sur son front.

Jin Ling n'avait aucune envie que sa mère devine sa note. Sans un mot, elle sortit une copie de son sac. C'était celle d'un examen de chinois, dans le petit cercle rouge était marqué « 12e ». Quand sa mère l'eut regardée, ses yeux se mirent à briller, elle prit Jin Ling dans ses bras et déposa des baisers sur ses joues, en disant : « Coquine, vilaine, faire une telle tête avec une si bonne note, tu veux me faire mourir de peur ? »

Jin Ling, dans les bras de sa mère, sentait son odeur douce et un peu sucrée. Elle avait l'impression que cela faisait longtemps qu'elle n'avait pas senti cette odeur. Depuis qu'elle était entrée à l'école primaire, sa mère paraissait s'être transformée en hérisson qui, instantanément, dressait ses piquants en direction de ses notes peu glorieuses.

Jin Ling, surprise d'être l'objet de tant de faveurs, enlaça à son tour sa mère et lui rendit sa pluie de baisers, tout en se demandant si elle allait ou non sortir sa copie de maths. Elle décida que non. Elle ne pouvait se résoudre à mettre fin à ce moment de douceur partagé, n'avait aucune envie de voir sa mère triste et déçue. Elle s'efforça de rire, et rit jusqu'à en avoir des larmes au bord des cils.

Sa mère lui essuya les yeux, en disant sur un ton de reproche : « Petite idiote, se mettre dans un état pareil pour un simple test ! » Jin Ling osa encore moins dire quelque chose. Elle serra les mâchoires, de peur de se relâcher et de se mettre à sangloter.

Le lendemain, elle quitta la maison dix minutes plus tôt, et passa chez son amie Yang Xiaoli avant d'aller à l'école. La mère de Yang Xiaoli venait d'acheter des beignets pour le petit déjeuner et voulut à tout prix que Jin Ling en mange un. En mordant dans le beignet, Jin Ling s'écria soudain, comme si elle venait de se souvenir de quelque chose : « Oh ! là, là ! zut alors ! »

La mère de Yang Xiaoli, très inquiète, lui demanda si elle avait perdu quelque chose en route.

Jin Ling s'empressa de répondre : « J'ai oublié de faire signer ma copie par ma mère hier soir…

— Rentre vite chez toi et fais-la signer maintenant, conseilla Yang Xiaoli.

— Mais alors j'arriverai en retard à l'école ! »

La mère de son amie, qui avait bon cœur et était un peu bête, devant l'état d'énervement de Jin Ling proposa immédiatement de signer à la place de sa mère. De toute façon, les signatures des grandes personnes se ressemblaient toutes.

Jin Ling voyait son désir réalisé, elle était soulagée d'un grand poids. Elle se promit que ce serait la seule fois qu'elle se livrerait à ce genre de chose, qu'elle ne recommencerait jamais, plus jamais ! De toute façon, elle n'aurait plus de mauvaises notes, puisqu'elle avait décidé d'être bonne élève.

Mais pendant les cours, comme poussée par un mauvais génie, elle sortit un cahier de brouillon de maths et s'exerça à tracer la signature de sa mère. Malgré ses efforts, ses caractères gardaient une allure enfantine, n'avaient pas l'élégance et la fluidité de ceux de sa mère.

Le garçon qui partageait la table de Jin Ling s'appelait Shang Hai. Il lui arrivait à l'épaule, et pesait moitié moins qu'elle ; c'était un gaillard, mais de format miniature. Quand les deux marchaient côte à côte, Jin Ling avait l'air d'une grosse oie et Shang Hai ressemblait à un petit coq sautillant. Mais ils s'entendaient bien, parce que Jin Ling avait un peu l'instinct maternel et aimait protéger les faibles. Si quelqu'un s'en prenait à Shang Hai, elle se dressait d'un air féroce et repoussait la personne d'un coup d'épaule en disant : « Qu'est-ce que tu lui veux, qu'est-ce que tu lui veux ? » Très peu d'élèves osaient s'en prendre à Jin Ling, en raison de sa grande taille et de sa force, mais aussi parce qu'elle défendait les faibles.

Shang Hai tendit le cou pour regarder ce que faisait Jin Ling. Il se mit à rire : « Tu en es encore à ce stade primitif ? Moi, ça fait longtemps que j'ai trouvé un autre moyen. »

Jin Ling lui jeta un regard mauvais. Shang Hai recula.

La semaine d'après, le test de mathématiques comprenait des exercices de calcul et des problèmes, et ne portait que sur une partie du programme. Jin Ling avait trouvé une astuce : avant de rendre sa copie, elle recopia les résultats qu'elle avait trouvés aux problèmes sur sa feuille de brouillon. Quand la sonnerie de fin de cours retentit, elle se dépêcha d'aller voir l'un des délégués de la classe, Liu Yaru, qui était toujours dans les trois premiers, pour comparer ses résultats aux siens. Contre toute attente, tous étaient bons.

Jin Ling était tellement contente que son cœur bondit de joie. Ce jour-là, il ne lui fallut même pas cinq minutes pour arriver à la maison, car elle rentra au pas de course. Les objets dans sa trousse s'entrechoquaient en sautant dans le cartable qu'elle portait sur son dos.

Jin Ling annonça d'abord la bonne nouvelle à sa mère, puis à son père quand il rentra. Tout le monde était content. Ce soir-là, sa mère ne prépara pas à dîner, tous trois allèrent manger au Kentucky Fried Chicken, l'un des grands plaisirs de Jin Ling. Sa mère, très émue, dit : « Notre Jin Ling s'est enfin révélée, elle s'applique désormais et est décidée à devenir une bonne élève. J'attends maintenant le jour où elle entrera au meilleur collège de la ville, l'Ecole des langues étrangères ! » Son père continua : « Ecole des langues étrangères ou pas, ce sont les efforts qui comptent. La dernière année d'école primaire ressemble à un sprint final, il faut exploser. Jin Ling, il faut que tu exploses ! »

A ce moment précis, on aurait pu dire n'importe quoi à Jin Ling. Tout occupée à engouffrer des frites trempées dans du ketchup, elle se contentait d'acquiescer. Elle avait rarement droit à pareil délice : sa mère considérait qu'il y avait trop d'amidon dans les pommes de terre, que cela faisait grossir. Il fallait des circonstances exceptionnelles pour que Jin Ling voie ce genre de souhait exaucé.

Qui aurait pensé que cette joie s'évanouirait en un instant comme une bulle de savon ? Le lendemain, quand les copies de maths furent distribuées, Jin Ling s'aperçut, désespérée, qu'elle n'avait que 82 points sur 100, qu'elle était 33e. Elle eut l'impression que quelque chose explosait dans son crâne ; elle ne comprenait pas pourquoi elle avait si peu de points : n'avait-elle pas trouvé les bons résultats aux problèmes ?

Toute rouge, elle fourra rapidement sa copie dans son cartable. Shang Hai lui toucha le bras, pour savoir combien elle avait eu. Elle lui répondit méchamment : « Occupe-toi de tes affaires !

— Moi, ça n'a pas marché, je n'ai eu que 84 points, dit Shang Hai. Il faut absolument que je trouve un truc pour neutraliser ma mère. »

Jin Ling pensait : 84 points, deux points de plus que moi ! Elle était encore plus abattue.

Le cours terminé, le professeur de mathématiques, M. Zhang, appela Jin Ling dans le couloir pour lui parler. Le professeur Zhang était l'un des rares hommes à enseigner à l'Ecole primaire de la rue Xinhua, il n'était diplômé de l'Ecole normale que depuis deux ans, et son visage enfantin gardait un air espiègle. Mais pendant ses cours, tous les élèves étaient terrorisés parce qu'il avait l'habitude de lancer des bouts de craie sur les élèves et qu'il visait bien. Quand son bras se levait, le projectile blanc décrivait une trajectoire en arc de cercle, et l'élève en train de bavarder ressentait tout à coup une douleur brûlante au front. Les professeurs n'avaient pas le droit de frapper les élèves, mais il n'était pas explicitement interdit de lancer des craies. Il était plus difficile de se plaindre d'un morceau de craie qui avait volé que d'un professeur qui avait levé la main sur un élève. Aussi tous les élèves avaient peur du professeur Zhang. Il n'y avait pas de problèmes de discipline durant ses cours.

Le professeur demanda à Jin Ling : « Tu as compris où tu t'es trompée ? »

Jin Ling fit non de la tête. De peur que quelqu'un ne voie sa mauvaise note, elle avait immédiatement caché sa copie et ne l'avait absolument pas regardée.

Le professeur Zhang la fixa avec fureur : « Les exercices de calcul ! Sur six, trois étaient faux, chacun t'a coûté cinq points, du coup il ne te reste pas beaucoup de points. »

Jin Ling pensa immédiatement qu'elle avait eu de la chance de ne pas s'être trompée dans les problèmes. Si certains d'entre eux avaient également été faux, elle aurait pu se retrouver à la dernière place.

Le professeur Zhang n'était pas comme le professeur Xing. Quand il grondait un élève, il ne disait pas grand-chose. Il se contentait de quelques phrases assassines, ou alors déchirait tout le cahier d'exercices que l'élève puni était obligé de refaire entièrement. Un jour, il avait jeté par la fenêtre la trousse de Shang Hai, qui était tombée sur le toit d'une maison basse voisine. A la fin du cours, une expédition avait été lancée par une bande de garçons pour récupérer la trousse de Shang Hai. Le gros Yu Pang, l'un des volontaires pour faire la courte échelle, était tombé et s'était déboîté le coude. Evidemment, si tout le monde voulait aider Shang Hai, ce n'était pas par pure bonté d'âme, mais parce que tous ces garçons débordants d'énergie avaient envie de grimper sur le toit, et qu'aucun n'entendait laisser échapper une si belle occasion.

Le professeur Zhang ne dit rien de plus à Jin Ling, mais lui demanda de ne pas se rendre au cours de gymnastique qui suivait et de venir dans son bureau faire des exercices.

Il y en avait dix en tout, uniquement des exercices de calcul. Le professeur Zhang et Jin Ling étaient assis l'un en face de l'autre. Le professeur ne faisait rien, bras croisés, il dardait ses yeux sur Jin Ling comme deux projecteurs, pour voir comment elle s'y prenait.

Le premier exercice paralysa Jin Ling. Il y avait des fractions, des chiffres à décimales, des éléments entre parenthèses, d'autres entre crochets, d'autres encore entre accolades, et il fallait utiliser les quatre opérations. Dès qu'elle tombait sur ce genre de problème, la tête lui tournait, sa vue se brouillait et elle se mettait à transpirer. Elle regarda le professeur Zhang à la dérobée. Il était assis tout droit, le visage sévère ; de toute évidence, elle ne pourrait pas s'en sortir en éclatant de rire. Sans savoir comment, Jin Ling se retrouva en train de pleurer, des larmes coulaient le long de ses joues jusqu'aux coins de ses lèvres. Elle les essuya avec sa langue.

Le professeur Zhang s'exclama, mi-figue mi-raisin : « On vient à peine de commencer, et tu pleures déjà ? »

Jin Ling dit en sanglotant : « J'ai peur de ne pas y arriver !

— C'est un calcul un peu difficile, si tu n'y arrives pas, je ne t'en voudrai pas, d'accord ? »

Jin Ling fit « oui » et essuya ses larmes. En son for intérieur, elle était satisfaite.

A peine était-elle arrivée à la moitié de l'exercice que le professeur Zhang donna soudain un violent coup sur la table. Jin Ling sauta en l'air. Fou de rage, il montrait sa feuille du doigt : « Regarde, mais regarde ! Comment peux-tu faire cela ! »

Jin Ling regarda sa feuille, et s'aperçut qu'en additionnant les fractions elle avait aussi additionné leur dénominateur.

Le professeur Zhang frappa de nouveau sur la table : « Ça, c'est le programme du début de l'année dernière ! Tu veux peut-être descendre d'une classe ?

— Je ne comprends pas… » s'excusa Jin Ling.

Le professeur Zhang l'interrompit : « Tu comprends très bien, sinon, quand je t'ai dit que tu t'étais trompée, comment aurais-tu su où ?

— Je suis étourdie…

— Ce n'est pas ça non plus, ce n'est pas ainsi qu'il faut voir les choses. Tu n'es pas dans la bonne disposition d'esprit, tu n'es jamais dans la disposition d'esprit requise par les mathématiques. »

Jin Ling était déconcertée, elle ne comprenait pas ce que signifiait « disposition d'esprit ».

Elle continua. Tant bien que mal, elle réussit à faire le deuxième exercice. Le troisième comprenait plusieurs multiplications à quatre chiffres ; dans l'affolement, Jin Ling oublia une retenue, et le résultat fut à nouveau faux.

Le professeur Zhang arborait une mine désespérée, il la congédia d'un signe de la main : « C'est bon, c'est bon, retourne en cours, je m'avoue vaincu !

— Vous aviez dit que vous ne m'en voudriez pas », murmura la fillette.

Le professeur eut un geste d'agacement : « Mais je ne t'en veux pas ! »

Jin Ling pensait : Ton attitude, ton comportement, tout prouve que tu m'en veux.

Elle n'osa toutefois rien dire. Mais au lieu de s'en aller, elle voulut à tout prix rester et faire les dix exercices. Elle réussit à faire, sans se tromper, les sept calculs suivants. Le professeur Zhang n'y comprenait plus rien : « Comment cela se fait-il ? Tu as réussi à tous les faire ! Je ne sais vraiment plus s'il faut te classer parmi les bons ou les mauvais élèves... »

Quand Jin Ling retourna en classe, le cours de sport était déjà terminé. La plupart des élèves s'amusaient dans le couloir. Seul Shang Hai était à sa table ; tourné vers le mur, il se livrait à une occupation louche qu'il essayait de dissimuler. Quand il vit arriver Jin Ling, il s'empressa de cacher ce qu'il avait en main dans le tiroir, puis se tourna vers elle comme si de rien n'était.

Jin Ling était intriguée. Elle attrapa Shang Hai par le bras : « Dis-moi la vérité, qu'est-ce que tu étais en train de trafiquer ? »

Shang Hai eut un sourire forcé : « Mais rien !

— Ce n'est pas vrai, si tu ne fais rien, pourquoi tu te caches ? »

Shang Hai serra les lèvres et ne répondit pas.

Jin Ling relâcha brutalement son bras : « Très bien, si tu ne veux rien dire, tant pis. Mais ne m'adresse plus jamais la parole ! »

Cette ruse se révéla très efficace. Shang Hai capitula immédiatement et lui avoua ce qu'il était en train de faire. Il décalquait la signature de ses parents. Il collait un petit bout de scotch sur une vieille signature de sa mère, puis l'arrachait d'un coup. Sur le bout de scotch restait collée une fine couche de papier avec la signature. Ensuite, il déchirait un peu la copie qui devait être signée et collait le scotch sur la déchirure. Quand on regardait, c'était comme si sa mère avait par mégarde déchiré la copie en signant, et avait mis un bout de scotch pour la recoller.

Jin Ling en eut le souffle coupé. Elle s'écria : « Mais c'est tout simplement génial ! »

Shang Hai expliqua, très content de lui : « Je l'ai lu dans un journal éducatif. C'était mentionné dans une histoire drôle, je m'en suis inspiré et je l'ai mis en application ! »

Jin Ling trouva cela tellement amusant qu'elle se tordit de rire un bon moment. Mais d'un coup, son visage se figea, elle venait de se souvenir de sa note, puis se rappela les visages souriants de ses parents au Kentucky Fried Chicken. Timidement, elle tendit sa main vers Shang Hai : « Tu peux me donner un bout de scotch ?

— Ha, ha ! toi aussi tu as eu une mauvaise note ? »

Jin Ling le pinça, en lui ordonnant de parler moins fort, pour ne pas alarmer tout le monde. Ensuite elle sortit sa copie de maths de son cartable en la cachant. Shang Hai ne la quittait pas des yeux. Il éprouva un malin plaisir en découvrant la note de Jin Ling et se mit à rire : « Tu as même deux points de moins que moi ! » Jin Ling, humiliée, était furieuse. Elle avait terriblement envie de l'attraper par le col et de le jeter par la fenêtre.

Utiliser la signature de sa mère collée sur un bout de scotch, c'était vraiment magique.

Ce soir-là, quand elle rentra à la maison, sa mère lui demanda : « Tu n'as pas de copie à faire signer ? »

Jin Ling, en évitant de croiser son regard, répondit : « Il n'y a que ceux qui ont moins de 90 points qui doivent faire signer leur copie. »

Sa mère prit un air déçu et dit à Jin Yiming en ronchonnant que, pour une fois qu'elle aurait pu signer la tête haute, le professeur la privait de ce plaisir. Elle se plaignait, mais on sentait qu'elle était contente. Jin Ling éprouvait des sentiments mitigés.

Malheureusement, le professeur Zhang découvrit très vite le pot-aux-roses. Un renard, aussi rusé soit-il, n'échappe pas à un bon chasseur. Jin Ling et Shang Hai partageaient la même table. Quand ils avaient rendu leurs copies, elles s'étaient retrouvées ensemble dans la pile. Le professeur Zhang fut intrigué par la coïncidence : comment se faisait-il que les deux copies soient déchirées au même endroit ? Sans idée précise, il gratta de l'ongle le bord d'un petit bout de scotch qui se détacha, révélant la fraude. Le professeur Zhang était hors de lui, il fit irruption dans le bureau du professeur Xing en hurlant : « C'est vraiment incroyable ! Mieux que les espions soviétiques et américains réunis ! Il faut les punir, professeur Xing, et sévèrement ! »

Le professeur Xing était évidemment aussi très en colère. Elle sortit un cahier dans lequel elle chercha le numéro de téléphone de la mère de Jin Ling au travail et téléphona au magazine.

Quand Huizi reposa le combiné, elle était si blanche que ses collègues pensèrent qu'il était arrivé quelque chose à ses parents âgés. Zhao Huizi fit non de la tête : « Je dois m'absenter, il faut que j'aille à l'école de Jin Ling. » En comprenant que la petite fille avait sans doute commis une bêtise, ils dirent d'un ton compréhensif : « Ce n'est rien, ce n'est rien, toutes les mères ont été appelées dans leur vie par l'école. Les professeurs font toujours des montagnes de pas grand-chose. » Zhao Huizi ne sut que répondre : « Vous ne vous rendez pas compte, vous ne vous rendez pas compte… »

De quoi ne se rendaient-ils pas compte ? Zhao Huizi refusa d'en dire plus, et les collègues n'osèrent bien sûr pas insister.

Zhao Huizi se précipita à l'école, folle d'inquiétude. Elle aperçut immédiatement Jin Ling et Shang Hai, tout pâles, assis recroquevillés dans le bureau. Ils avaient l'air piteux des coupables. Zhao Huizi n'adressa pas la parole à Jin Ling, elle se mit immédiatement à la recherche du professeur Zhang. La première chose que dit ce dernier était : « Vous savez quelle note a eue Jin Ling au dernier test ? Elle était 22e, en commençant par le dernier. »

Cela agaça Zhao Huizi : pourquoi compter à rebours ? Des mots aussi anodins que « en commençant par le dernier » prenaient des consonances abyssales ! Elle se força à sourire, et demanda prudemment : « Mais Jin Ling n'avait-elle pas réussi à résoudre les problèmes ? »

Le professeur Zhang en colère répondit : « Les problèmes étaient justes, mais la moitié des exercices de calcul étaient faux ! Le niveau de calcul de Jin Ling est nul, en commençant par le dernier, elle est quatrième. Les trois derniers ont des quotients intellectuels légèrement inférieurs à la moyenne, ils ont des certificats qui l'attestent. »

Zhao Huizi sentit ses mains et ses pieds se glacer, elle s'efforça de garder son calme pour ne pas mourir sur place. Elle se demandait ce que le professeur Zhang entendait par là. Voulait-il insinuer que le quotient intellectuel de Jin Ling était déficient ?

Zhao Huizi escorta Jin Ling à la maison comme si elle était un prisonnier de guerre.

Ensuite, elle prépara le dîner, le servit, fit la vaisselle et rangea la cuisine. Comme d'habitude, sauf qu'elle n'adressa pas la parole à Jin Ling et ne lui jeta même pas un regard.

Jin Ling savait que sa mère était très en colère. Elle était triste. Elle se rendit à la cuisine, rinça soigneusement la tasse que Zhao Huizi utilisait pour boire du thé, y mit une pincée de thé et versa de l'eau bouillante dessus. Elle porta la tasse à sa mère, en s'efforçant de ne rien renverser en chemin.

Celle-ci détourna la tête, refusant le thé qu'elle lui offrait.

Jin Ling tint bon. Elle attendait, la tasse dans les mains, debout devant sa mère, que celle-ci l'accepte.

Soudain sa mère s'écria : « Mais tu vas te brûler !

— Tant pis ! » répondit Jin Ling, des larmes dans la voix.

Finalement, sa mère se radoucit et se tourna vers elle pour prendre la tasse. Puis elle saisit la main de Jin Ling pour l'examiner, la paume en était toute rouge. Elle se mit à pleurer : « Comment as-tu pu faire cela ? »

Jin Ling se mit à pleurer aussi : « J'avais peur de te rendre triste avec une mauvaise note… Je n'avais pas l'intention de mentir, je voulais juste attendre d'avoir une bonne note pour le dire en même temps, comme ça tu n'aurais pas été trop en colère… »

Zhao Huizi poussa un long soupir : « Tu es vraiment mon mauvais génie ! »

Mauvais ou bon génie, en tout cas Jin Ling était mauvaise en calcul, la gronder ou la frapper ne serviraient à rien. Zhao Huizi décida de l'aider à franchir ce cap difficile.

Jin Yiming était fort en maths, mais il ne s'occupait pas des études de Jin Ling. Pendant que la mère et la fille se chamaillaient, lui, installé tranquillement dans son bureau, un casque sur la tête, écoutait une cassette en langue étrangère et marmonnait des mots de vocabulaire. Zhao Huizi ouvrit violemment la porte du bureau, et entra en faisant exprès beaucoup de bruit. Mais Jin Yiming ne s'aperçut de rien.

Zhao Huizi, très en colère, hurla : « Quand vas-tu te comporter en vrai père ?! »

Jin Yiming nota une présence et se tourna vers elle. Tombant des nues, il regarda sa femme : « Qu'est-ce que tu dis ? Qui est devenu père ? »

Zhao Huizi lui arracha le casque des oreilles : « N'importe quel père a plus le sens des responsabilités que toi ! Jin Ling est mauvaise en maths, mais toi, ça ne te fait rien ?

— Bien sûr que ça me fait quelque chose, mais je ne peux tout de même pas aller à l'école à sa place ! protesta Jin Yiming.

— Mais tu pourrais consacrer un peu de ton temps à l'aider ! Certains enfants ont plusieurs professeurs qui leur donnent des cours particuliers.

— Tout cela n'a pas d'importance, de toute manière Jin Ling ne fera pas d'études scientifiques, si elle n'est pas bonne en maths, il n'y a qu'à laisser tomber. »

Zhao Huizi ne savait pas s'il fallait en rire ou en pleurer : « Tu es vraiment idiot ou tu fais semblant ? Pour entrer dans un bon collège, il faut être bon en maths. Et pour entrer dans un bon lycée, il faut avoir été dans un bon collège. Et pour accéder à une bonne université, il faut sortir d'un bon lycée. Son avenir peut se jouer à quelques points près !

— D'accord, d'accord, n'en parlons plus ! Je vais me sacrifier pour la réussite de ma fille. »

Jin Yiming éteignit son magnétophone et sortit de son bureau.

Jin Yiming était doué pour donner des cours à l'université, mais expliquer des exercices de calcul à une élève d'école primaire n'était pas évident pour lui. C'était comme si un grand chirurgien, spécialisé dans les opérations du cerveau, devait tout d'un coup soigner l'eczéma d'un nourrisson. Il était pris au dépourvu et ne savait quel remède administrer. Mais un professeur restait un professeur, il réfléchit un peu et eut une idée : il allait se servir des devoirs que Jin Ling avait à faire.

Les devoirs de sa fille étaient truffés de fautes, il n'eut donc aucun mal à trouver des exercices à faire. Par exemple, le calcul suivant : 48 x 39 23/24.

Jin Ling transforma d'abord le deuxième élément de la multiplication, puis fit la multiplication. Mais comme les chiffres étaient grands, elle se trompa en faisant le calcul.

Jin Yiming dit : « Tu n'as pas appris les simplifications ? Ce calcul se fait comme cela… »

Il écrivit la formule suivante : 48 x (40 - 1/24). Ensuite, il multiplia, l'un après l'autre, les deux chiffres à l'intérieur de la parenthèse par 48, et obtint très vite le résultat : 1918.

Jin Ling regardait son père faire les calculs comme par magie, sans rien y comprendre. Elle n'arrêtait pas de répéter : « Comment ça se fait ? Comment ça se fait ?

— Ça se fait comme ça, dit Jin Yiming. Quelle est la différence entre 39 23/24 et 40 ? 1/24, n'est-ce pas ? Alors je peux transformer 39 23/24 en 40 - 1/24, n'est-ce pas ? »

Jin Ling regardait les chiffres sur la feuille, les yeux écarquillés, les idées complètement embrouillées.

Zhao Huizi, qui observait la scène à côté, s'énerva et donna un coup de coude à Jin Yiming pour le chasser : « Une élève d'école primaire n'est pas un étudiant d'université, tu compliques trop les choses, c'est incompréhensible. Regarde-moi. »

Zhao Huizi adopta une méthode intermédiaire. Elle sépara 39 23/24 en deux : 39 et

23/24. Le calcul devint le suivant : 48 x 39 + 48 x 23/24. Il fallait encore faire les opérations, mais c'était quand même plus facile pour Jin Ling, et le plus important était qu'elle comprenait.

Jin Yiming, soulagé, la félicita et ajouta en riant : « C'est indéniablement toi la plus douée ! Je m'en remets entièrement à toi pour les cours particuliers. » Et, sur ces mots, il retourna dans son bureau.

Zhao Huizi, les mâchoires serrées par la colère, montra le bureau du doigt et demanda à Jin Ling : « Regarde-moi ton père, tu trouves qu'il se comporte bien ? »

Pour gagner les bonnes grâces de sa mère, celle-ci répondit : « Non.

— Et ta mère ?

— Toi, oui. »

Zhao Huizi caressa le visage de Jin Ling : « Je me demande si j'en serai récompensée un jour !

— Bien sûr, je ferai en sorte que tu sois traitée comme la reine d'Angleterre. »

Zhao Huizi pouffa de rire, toute sa colère s'était envolée.

Aux urgences psychiatriques

Que le professeur de mathématiques, M. Zhang, ait mentionné que quelques élèves avaient des quotients intellectuels inférieurs à la moyenne obsédait Zhao Huizi. Quand elle était livrée à elle-même, elle se demandait souvent si Jin Ling n'avait pas des facultés intellectuelles déficientes ; sinon, comment expliquer ses difficultés en maths ? Mais en y réfléchissant à deux fois, si c'était le cas, pourquoi était-elle bonne en rédaction ? Et en anglais, elle n'était pas mauvaise non plus. Même en maths, elle se débrouillait pour les problèmes : elle analysait correctement le sujet, arrivait à distinguer les données du problème posé, à établir un raisonnement clair, on voyait qu'elle comprenait. Mais si elle comprenait, pourquoi se trompait-elle sans arrêt ?

Zhao Huizi avait l'impression d'être prise dans un cercle vicieux ; elle avait beau tourner et retourner les choses dans sa tête, elle n'arrivait pas à en sortir. Elle détestait les termes « quotient intellectuel » passés dans le langage courant ; ils faisaient perdre pied aux parents. Quand elle-même étudiait encore, il n'était pas question de quotient intellectuel fort ou faible, et pourtant chacun faisait ce qu'il avait à faire.

Un jour, en lisant le journal, elle tomba sur le mot « dyslexie ». Il était expliqué que certains enfants qui avaient de mauvais résultats, dont les professeurs et les parents pensaient qu'ils ne travaillaient pas, souffraient en réalité de dyslexie ; par exemple, ils prenaient le signe « + » pour un « - », lisaient « 53 » au lieu de « 35 », etc.

Zhao Huizi était perplexe, cela ressemblait bien à Jin Ling qui prenait souvent un chiffre pour un autre, confondait les signes des opérations, et se trompait de manière bizarre en faisant un problème. Elle résolut d'emmener sa fille voir un médecin pour tirer les choses au clair et éventuellement remédier au problème.

Zhao Huizi n'avait aucune idée du type de médecin à consulter en cas de dyslexie, elle n'osait pas non plus demander directement à quelqu'un, de peur que l'on pense que Jin Ling avait de sérieux problèmes. Dans le magazine où elle travaillait, elle alla trouver la collègue qui s'occupait de la rubrique médicale, dit que Jin Yiming avait un neveu éloigné qui semblait avoir des difficultés sur le plan intellectuel, et lui demanda quel médecin, dans quel hôpital il fallait voir. La collègue se montra très aimable ; elle lui répondit immédiatement que le mieux était de se rendre à l'hôpital spécialisé dans les affections du cerveau et en neurologie, qu'il y avait là-bas un service de consultation en psychologie infantile.

Zhao Huizi s'écria, surprise : « Mais… c'est l'ancien hôpital psychiatrique ! »

La collègue remonta ses lunettes sur son nez et rétorqua : « Où d'autre voudriez-vous aller ? »

Zhao Huizi avait du mal à avaler ça : se rendre dans un hôpital psychiatrique, c'était difficile à accepter, il n'était pas question que Jin Ling y mette les pieds ; de plus, si Jin Yiming l'apprenait, il penserait que c'était elle qui était folle.

Mais finalement, elle s'y résigna tout de même, car la suite des événements suggéra à

Zhao Huizi que Jin Ling avait vraiment des problèmes.

Il y eut à nouveau un test de maths. Jin Ling obtint 89 points sur 100. D'abord Zhao Huizi crut que c'était une bonne note. Mais quand elle regarda la copie de plus près, ce qu'elle découvrit la rendit folle de rage : Jin Ling s'était trompée dans deux exercices de calcul et dans un problème. Si elle avait obtenu 89 points, c'était uniquement parce qu'elle avait réussi à résoudre un problème subsidiaire à l'aide d'équations, ce qui lui avait valu d'un coup dix points de plus.

Les deux exercices de calcul étaient faux pour les raisons suivantes : le premier était une multiplication d'un nombre à trois chiffres par un nombre à quatre chiffres. Ces grands chiffres avaient donné le tournis à Jin Ling qui, sans faire ni une ni deux, s'était tout de suite trompée.

Le second problème était un calcul compliqué. Il comprenait six chiffres et il fallait utiliser les quatre opérations. Arrivée à la deuxième étape, Jin Ling avait carrément laissé de côté l'un des six chiffres, et bien sûr le résultat était tout à fait étonnant.

Son erreur dans le problème était tout aussi bizarre. Elle avait employé la bonne formule, mais en calculant, à la fin, elle avait pris un « 0 » pour un « 6 ».

En voyant le visage de sa mère s'assombrir, Jin Ling s'empressa d'expliquer : « Ce test était plutôt difficile, avec 89 points, je suis douzième. »

En agitant la copie dans ses mains, Zhao Huizi dit : « C'est par pur hasard que tu as réussi à résoudre le problème subsidiaire. Ça ne compte pas. Si tu n'avais pas résolu ce problème, tu serais comme d'habitude parmi les derniers.

— Tu as toujours quelque chose à redire ! marmonna Jin Ling, offusquée. Quand j'ai des mauvaises notes, c'est parce que je suis bête. Quand j'en ai de bonnes, c'est par pur hasard... »

Zhao Huizi leva un sourcil : « J'ai tort ? Deux exercices de calcul et un problème faux, c'est incroyable ! »

Jin Ling n'était pas de taille à convaincre sa mère. Elle hurla : « C'est trop d'injustice ! » Puis elle alla s'enfermer dans le bureau de son père et refusa d'en ressortir.

Zhao Huizi réfléchit. Mieux valait l'emmener voir un médecin. S'il ne trouvait rien à Jin Ling, du moins serait-elle rassurée ; car à rester ainsi dans le doute, c'était elle qui finirait folle.

Le samedi, Zhao Huizi sortit très tôt avec Jin Ling. Elle n'avait pas osé avouer la vérité à Jin Yiming, de peur qu'il ne le prenne mal et se fâche : elle lui avait dit qu'elles se rendaient chez la grand-mère maternelle. Aussi, dès qu'elles furent montées dans l'autobus, Jin Ling s'écria : « Mais maman, tu t'es trompée de bus ! »

Tous les passagers du bus tournèrent la tête et dévisagèrent Zhao Huizi comme si elle était folle. Extrêmement gênée, celle-ci piqua un fard, elle aurait voulu se cacher dans un trou de souris. Elle foudroya Jin Ling du regard et lui intima à voix basse : « Les enfants n'ont pas à s'occuper des affaires des adultes ! »

A la descente du bus, Zhao Huizi prit Jin Ling par la main et l'entraîna vers l'hôpital sans un mot d'explication. Jin Ling leva la tête et lut la pancarte au-dessus de la porte. Puis elle regarda sa mère et lui demanda avec sollicitude : « Tu as un problème au cerveau, maman ? »

Ce n'est qu'à ce moment-là que Zhao Huizi se résolut à lui dire la vérité : « Non, c'est toi que j'emmène voir le médecin.

— J'ai une tumeur au cerveau ? demanda Jin Ling, effrayée.

— Non, tu as des problèmes scolaires », répondit Zhao Huizi.

Jin Ling se libéra de la main de sa mère et protesta violemment : « Non ! Je n'ai pas de problèmes ! Je suis juste étourdie !

— Il y a des degrés. Dans ton cas, c'est anormal ! »

Jin Ling était mortifiée. Elle se mit à pleurer : « Je sais dans quel genre d'hôpital nous sommes. La mère de Li Lin, qui est dans ma classe, a emmené Li Lin ici pour lui faire établir son certificat médical. »

Zhao Huizi s'en voulait un peu, elle pensa qu'elle agissait peut-être mal et qu'en amenant sa fille ici, elle blessait son amour-propre. Elle sonda Jin Ling : « Si tu ne veux vraiment pas y aller, on retourne à la maison. »

Jin Ling leva un regard plein de larmes vers sa mère, pour juger de sa sincérité. En apercevant du remords dans les yeux maternels, son opposition faiblit. D'une voix presque inaudible, elle dit : « Si tu y tiens vraiment, allons-y ! »

Après un long moment de flottement, Huizi décida d'y aller tout de même. Elles étaient déjà à l'entrée de l'hôpital, si elles repartaient, elles auraient fait tout le chemin pour rien.

Tête basse, sans un mot, Jin Ling suivit sa mère, effrayée et humiliée à la fois. Pour marquer son désaccord, elle donnait des coups de pied dans les cailloux du chemin. Huizi avait mauvaise conscience et regardait Jin Ling taper dans les cailloux, en faisant comme si de rien n'était.

Le samedi, les écoles étaient fermées mais pas les hôpitaux. Aussi y avait-il toujours beaucoup d'enfants ce jour-là à la consultation. Il n'était pas encore neuf heures, mais le service de psychologie infantile était plein à craquer.

Un médecin aux cheveux presque blancs qui avait l'air d'une sommité examinait un garçon en âge d'être au collège. Le garçon était tout pâle, ses yeux étaient très écartés et sa bouche légèrement entrouverte. Il n'arrêtait pas de jouer avec ses mains sur la table. A côté, sa mère lui répétait : « Concentre-toi ! Réponds au docteur ! »

Le médecin lui demanda : « D'après toi, la terre est immobile, ou elle tourne ? »

Le garçon au visage blême répondit : « Elle tourne.

— Vraiment ? » insista le médecin.

Le garçon eut un doute, il interrogea sa mère du regard.

Le médecin prit une mine sévère : « Ne demande pas aux autres, réponds toi-même. »

Le garçon s'agita sur sa chaise, comme s'il voulait se lever, puis déclara d'une voix forte : « Elle tourne ! On nous l'a dit à l'école.

— Et tu le sens, qu'elle tourne ? »

L'enfant réfléchit, et fit non de la tête.

« Pourquoi ? »

Le garçon ne répondit pas. Il se mit à tripoter ses oreilles et ses joues, et détourna la tête pour regarder les moineaux qui se battaient devant la fenêtre.

Jin Ling, debout à côté, ne laissa pas échapper l'occasion de montrer son savoir ;

elle intervint : « Qu'y a-t-il de si difficile à comprendre ? C'est parce que l'espace est immense. C'est comme lorsqu'on navigue sur un bateau, on a l'impression que le bateau est immobile. »

Le médecin tourna la tête et regarda Jin Ling d'un air mécontent : « Qu'est-ce que tu fais ici ?

— Elle est venue consulter », s'empressa de répondre Zhao Huizi à sa place.

Le médecin regarda Jin Ling avec attention, et demanda à sa mère : « De quoi souffre-t-elle ? »

Zhao Huizi mit à profit ses talents de synthèse pour exposer, en quelques phrases, la situation de sa fille. Le médecin jaugea à nouveau Jin Ling et, en riant, lui pinça gentiment la joue : « Tu as l'impression d'être différente de tes camarades de classe ? »

Devant la gentillesse du médecin, Jin Ling se détendit. Elle répondit en riant de toutes ses dents : « Oui. »

Le médecin lui fit un clin d'œil : « En quoi es-tu différente ?

— Je suis la plus grosse ! » affirma Jin Ling d'une voix forte.

A peine avait-elle fini sa phrase que toutes les personnes de la consultation éclatèrent de rire, même le garçon au visage pâle se tordait de rire.

Le médecin se retourna en riant vers Zhao Huizi : « Vous pouvez repartir, cette enfant est parfaitement normale. S'il fallait vraiment trouver quelqu'un de malade, ce serait les parents ! »

Zhao Huizi se sentit rougir, puis pâlir, elle se demandait comment se retirer sans perdre la face devant tout le monde. Mais au fond d'elle-même, elle était contente, au moins elle avait la preuve médicale que Jin Ling n'avait pas de problème.

En sortant de l'hôpital, Huizi dit à Jin Ling : « Ne dis rien à ton père en rentrant. »

Jin Ling accéléra le pas et mit sa petite main dans celle de sa mère : « Je sais, tu as agi pour mon bien, dit-elle d'un ton très responsable. Papa serait du même avis. »

Huizi était au bord des larmes, en son for intérieur elle se demandait : Comment se fait-il qu'une enfant aussi intelligente, vive et gentille ne soit pas bonne en maths ?

Quand Huizi retourna au travail le lundi suivant, la collègue en charge de la rubrique médicale lui demanda : « Vous avez emmené l'enfant de vos parents à l'hôpital ?

— Oui, ils n'ont rien trouvé.

— Est-ce un enfant obèse ? »

Huizi resta interdite, pensant que la collègue savait qu'elle avait emmené sa fille à l'hôpital. Tendue, elle la regardait sans savoir que répondre.

Celle-ci posa un magazine devant elle : « Il est expliqué que, chez les enfants, le surpoids peut entraver le développement intellectuel. Lisez vous-même. »

Huizi, toujours déconcertée, finit par ouvrir le magazine. Il contenait un article sur des recherches médicales effectuées sur des enfants obèses : la quantité d'oligoéléments dans le sang mise en rapport avec le développement des cellules du cerveau, les variations de sécrétion de la glande surrénale, etc. ; la personne qui lisait l'article associait immédiatement les enfants obèses aux gros pandas niais, aux pingouins qui se dandinent, ou aux chats paresseux qui dorment tout le temps.

Huizi savait que les auteurs de ce genre d'articles aimaient dramatiser les choses pour faire sensation, tout comme les écrivains adoraient broder sur la vie quotidienne. Mais elle souhaitait ardemment la réussite de sa fille ; elle savait qu'elle attachait une importance anormale à cette réussite, mais elle ne pouvait s'en empêcher. Il restait un peu plus de six mois avant le concours d'entrée au collège. Peut-être qu'un régime ferait vraiment du bien à Jin Ling ?

Pour que leur fille maigrisse, les parents se mettent au régime

A sa naissance, Jin Ling n'était pas grosse du tout. Elle était fripée comme un souriceau. Avant l'âge d'un mois, elle n'ouvrait quasiment pas les yeux, de jour comme de nuit elle semblait plongée dans un profond sommeil. La grand-mère paternelle, inquiète pour la santé de ce bébé malingre, en voulait à sa bru d'avoir chipoté à table quand elle était enceinte, d'avoir sous-alimenté Jin Ling en mangeant comme un moineau.

Zhao Huizi s'en voulait aussi : elle avait l'impression qu'elle n'avait pas gardé sa fille assez longtemps dans son ventre pour qu'elle soit potelée, et n'avait pas la conscience tranquille. Un mois après l'accouchement, Huizi et la grand-mère, en étroite collaboration, se mirent à verser du jaune d'œuf, du miel, des vitamines, de l'huile de foie de morue dans le lait de Jin Ling, lui concoctèrent des bouillons à partir de poisson ou d'os, firent mijoter des purées de légumes ou de la bouillie de foie de porc : chaque repas était riche et soigné. Huizi allait jusqu'à se lever au milieu de la nuit, pour fourrer un biberon dans la bouche de la petite fille qui dormait d'un sommeil bienheureux, et lui faire ingurgiter sans qu'elle s'en rende compte un biberon d'épaisse bouillie.

Trois mois plus tard, Jin Ling se mit à gonfler à toute allure, ses joues s'arrondirent, elle eut un triple et même un quadruple menton, le dos de ses mains était tellement potelé qu'on aurait pu poser des petits pois dans les fossettes. Jin Ling était vraiment irrésistible. Quand Huizi se promenait avec elle, les passants s'approchaient pour la taquiner, pour caresser son visage poupin, et s'exclamaient : « Elle est vraiment adorable ! »

Ils ne se rendirent compte que Jin Ling était trop grosse que lorsque celle-ci eut cinq ans. Un jour, l'école maternelle organisa une compétition sportive et invita tous les parents à y assister. La compétition comportait une épreuve d'agilité : les enfants devaient passer, le plus vite possible, à travers une rangée de cerceaux en bois reliés ensemble, sans toucher les bords. Tous les autres enfants étaient souples et agiles ; comme des poissons dans l'eau, ils parcoururent le tunnel sans effort. Mais la pauvre Jin Ling avait beau agiter les bras et les jambes, le visage tout rouge, le souffle court, elle resta coincée dans les cerceaux. Pour finir, Zhao Huizi se porta à son secours, et l'extirpa de là en la tirant et la poussant.

L'institutrice dit à Zhao Huizi : « Votre fille est trop grosse. »

Huizi pensa : C'est vrai, il faut la faire maigrir un peu.

Mais c'était plus facile à dire qu'à faire. Les kilos une fois installés constituaient une force d'inertie ; comme une fusée qui venait de mettre un satellite sur orbite, impossible de la faire dévier de sa trajectoire.

Zhao Huizi s'évertua à expliquer à Jin Ling : « Les filles trop grosses ne sont pas jolies, elles ne peuvent pas porter de belles robes à fleurs. Et une fois grandes, elles ne peuvent pas devenir actrice ou chanteuse, et encore moins mannequin.

— Mais être grosse a aussi des avantages ! répliqua Jin Ling. Les gros ont de la force, quand tu seras vieille et malade, je pourrai te porter sur mon dos jusqu'à l'hôpital et je pourrai veiller sur toi sans dormir plusieurs jours d'affilée. Si je devenais translucide comme une feuille, ce ne serait pas possible.

— Mais les garçons aiment tous les filles sveltes, affirma sa mère. Si tu restes aussi grosse, personne ne voudra de toi.

— S'ils n'aiment pas les grosses, c'est qu'ils ne comprennent rien à la beauté ! rétorqua Jin Ling, péremptoire. La célèbre Yang Guifei était grosse, la Joconde aussi, ainsi que la déesse de l'amour Vénus, et la Vierge Marie, et aussi mes deux grands-mères, et le professeur Chen à l'école, la directrice Wang… »

Huizi n'avait pas imaginé qu'elle pourrait énumérer d'un seul souffle autant de noms de personnalités chinoises et étrangères, jusqu'à y glisser ses deux grands-mères qu'elle respectait beaucoup. Elle ne savait que répondre. En réalité, Jin Ling avait raison, le poids n'était pas le seul critère pour juger les femmes. Mais que sa fille unique ne soit pas svelte la chagrinait.

Un régime était néanmoins devenu plus urgent que par le passé, parce que le poids de Jin Ling entravait son développement intellectuel, l'empêchait d'avoir de bonnes notes en maths. Huizi était décidée à prendre des mesures draconiennes, pour avoir des résultats avant la dernière ligne droite de l'examen d'entrée au collège.

Elle passa immédiatement à l'action, sortit tous les journaux et les magazines de la maison, à la recherche de publicités pour produits amaigrissants. Il y en avait de toutes sortes : « Guoshi », « Trésor contre le surpoids », « Bisuo », « Grande influence », « Pour votre beauté », « Crème sveltesse »..., plus qu'il n'en fallait.

Les gens sont bizarres : en temps normal, tout le monde sait qu'on ne peut pas se fier à la publicité, qu'elle a tendance à exagérer ; mais il suffit d'être confronté à un problème pour lui faire très volontiers confiance, quitte à aller droit dans le mur.

A la sortie de l'école, en rentrant dans l'appartement, Jin Ling découvrit des journaux éparpillés partout au sol, et sa mère, ébouriffée, accroupie à côté d'une pile de journaux qu'elle feuilletait avec acharnement. Elle s'enquit, intriguée : « Tu as caché les papiers de tes économies à la banque dans des vieux journaux, et tu n'arrives plus à les retrouver ? »

Huizi répondit, mi-figue mi-raisin : « Je n'ai rien caché du tout ! Je ne vois pas comment je pourrais avoir des économies, à moins qu'un jour tu ne gagnes beaucoup d'argent.

— A ce moment-là, il n'y aura plus besoin de papiers, tu auras une carte de crédit, dit Jin Ling avec aplomb.

— Peu importe ! Pour le moment tu dois t'appliquer à l'école, sinon tu finiras vendeuse ou balayeuse de rue. »

Jin Ling cligna des yeux et se moqua : « Tu te contredis, tu oublies que tu dis souvent qu'il n'y a pas de sot métier. »

Huizi resta sans voix et réfléchit un instant avant de répondre : « Si on en a les capacités, il faut évidemment s'efforcer d'avoir un bon travail. Dans le cas contraire, un travail ordinaire n'est pas honteux.

— Moi, un travail ordinaire, ça me convient, dit Jin Ling d'un ton léger.

— Mais moi je pense que tu as de grandes capacités ! explosa Huizi. Tu pourrais réussir, être parmi les premiers de la classe, mais toi, tu t'en fiches ! »

Jin Ling haussa les épaules et ne répondit pas. Elle estimait sans doute que discuter avec sa mère sur ce sujet ne menait à rien.

Pour choisir un produit amaigrissant, Huizi procéda de la même manière que Jin Yiming pour le lait en poudre quelques années auparavant ; elle pesa le pour et le contre des différents produits, puis les compara entre eux, pour s'arrêter sur la marque Guoshi. Le produit était cher : cent yuans la boîte, qui ne durait que cinq jours. Si elle en achetait pour un mois, cela représentait à peu près l'équivalent de son salaire.

Quand elle rapporta les boîtes à la maison, cela intrigua beaucoup Jin Ling. Elle tournait en rond dans la cuisine, pressait sa mère de les ouvrir. A l'intérieur des boîtes, il y avait de petits sachets qui contenait une poudre noirâtre. Huizi, qui craignait que Jin Ling ne refuse d'en manger, s'empressa de humer l'intérieur d'un sachet et s'exclama : « Hum, ça sent très bon ! »

Jin Ling se laissa prendre au piège, et s'approcha pour sentir à son tour : « C'est vrai, ça sent bon ! »

Huizi en profita : « On goûte ?

— D'accord ! »

Huizi mit la poudre dans un petit bol et versa de l'eau bouillante dessus. Une forte odeur de bouillie se répandit dans la pièce. Sans attendre, Jin Ling en prit une cuillerée, qu'elle recracha immédiatement : « C'est dégoûtant ! s'écria-t-elle, les sourcils froncés.

— Comment est-ce possible, alors que ça sent si bon ? » fit Huizi ingénument.

Jin Ling tendit une cuillerée de bouillie à sa mère, et voulut à tout prix que celle-ci goûte. A contrecœur, Huizi essaya du bout de la langue, c'était vraiment mauvais. La bouillie avait un goût métallique indéfinissable. Mais elle ne pouvait en aucun cas l'admettre, de peur que sa fille en profite pour ne pas faire le régime.

Huizi s'assit, prête à se lancer dans un long exposé pour convaincre Jin Ling : « Je ne comprends pas pourquoi tu trouves ça mauvais, c'est même sucré, et ça sent bon. Dans le temps, les gens pauvres qui n'avaient rien à manger auraient été très contents d'avoir ce genre de bouillie faite de son de riz… »

Jin Ling, qui avait la langue bien pendue, lui coupa la parole : « Autrefois, les gens pauvres mangeaient de la bouillie de son, car le son n'était pas cher. Mais aujourd'hui, le riz n'est pas cher, et le son de riz est très cher. On ferait mieux d'acheter ce qui n'est pas cher. »

Huizi frappa du poing sur la table, et explosa : « C'est pour ton bien ! Tu vas bientôt passer l'examen d'entrée au collège, mais tes résultats sont insuffisants. Tes mauvaises notes sont liées à tes capacités intellectuelles, et tes capacités intellectuelles sont amoindries en raison de ton poids, c'est pour cela que j'ai dépensé tellement d'argent pour t'acheter ces produits. Je veux que tu manges cette bouillie de son, c'est compris ? »

Jin Ling reçut ces remontrances en pleine figure. Blessée, elle se mit à pleurer : « Pourquoi les adultes veulent-ils toujours obliger les enfants à faire ce qui ne leur plaît pas ? Laisse-moi décider moi-même de mon poids !

— Non ! » dit Huizi d'un ton sans réplique.

Jin Ling n'osa pas s'opposer davantage à sa mère, elle avala tristement son bol de bouillie accompagnée de quelques légumes en saumure, comme s'il s'agissait d'un médicament amer, avec des haut-le-cœur, les yeux pleins de larmes.

Le mode d'emploi du produit amaigrissant précisait qu'il était interdit de manger autre chose pendant les repas ou de grignoter entre les repas. Aussi la veille, de peur que Jin Ling ne soit tentée, Zhao Huizi avait complètement vidé le réfrigérateur et les placards de la cuisine, en donnant ce qu'elle pouvait donner, et en jetant le reste. Ce soir-là, pour éviter de faire envie à Jin Ling et pour lui montrer que son père et sa mère participaient à ses efforts, le dîner consista en quelques haricots verts.

La dizaine de jours qui suivit, invariablement, Zhao Huizi ne fit que quelques légumes pour le dîner.

Rapidement, Jin Yiming ne le supporta plus ; il fit valoir qu'il devait enseigner, faire des recherches et écrire des articles, que son cerveau avait besoin de forces, qu'il ne pouvait pas continuer à manger ainsi. Il proposa de retourner habiter un moment chez ses parents. Huizi refusa, expliquant que Jin Ling était très sensible ; si elle découvrait que son père dégustait des petits plats chez la grand-mère, elle se révolterait.

Dès que Jin Ling rentrait de l'école, Huizi se montrait extrêmement vigilante, ne la quittant pas d'un pouce. Si elle allait boire de l'eau à la cuisine, ou si elle se rendait aux toilettes, Huizi la suivait, de peur qu'elle ne mange en cachette. Huizi était de plus en plus fatiguée, car elle était constamment sur le qui-vive, si bien qu'à la fin elle en perdit le sommeil ; une fois couchée, elle ne parvenait pas à s'endormir : l'oreille aux aguets, elle écoutait ce que Jin Ling faisait dans sa chambre.

Un jour, dans la rue, Huizi remarqua quelqu'un qui vendait des pèse-personne, elle s'empressa d'en acheter un et le rapporta à la maison. Chacun monta à son tour sur la balance : Huizi et Jin Yiming avaient perdu cinq kilos, Jin Ling seulement deux kilos et demi. Jin Yiming ironisa : « Formidable, pour faire maigrir la fille, on s'attaque d'abord aux parents ! Ou comment atteindre un but par des moyens détournés... Au moins ça m'évitera d'avoir à avaler ce genre de bouillie !

— Maigrir ne peut pas te faire de mal, rétorqua Huizi. Etre trop gros à ton âge favorise les maladies cardio-vasculaires. »

Jin Yiming s'exclama immédiatement : « J'aimerais encore mieux avoir des maladies cardio-vasculaires, mais manger tous les jours de la viande ! »

Jin Ling applaudit des deux mains, déclara que son père avait raison, qu'elle l'approuvait du fond du cœur. Instantanément, le père et la fille devinrent alliés.

Jin Yiming acheta un sachet de viande de bœuf séchée qu'il dissimula dans le tiroir de son bureau. De temps en temps, il en mangeait un morceau en cachette. Une fois, Jin Ling, venue lui poser une question de maths, sentit l'odeur de la viande dans l'haleine de son père. Rusée, elle fit comme si elle n'avait rien remarqué. Elle sortit du bureau puis revint doucement en arrière pour observer son père à la dérobée. Quand Jin Yiming, qui croyait que sa fille était partie, plongea la main dans le tiroir pour reprendre un morceau de viande, celle-ci fit irruption dans la chambre et attrapa la main de son père. Pris sur le fait, Jin Yiming partagea la viande avec sa fille, en lui demandant de ne rien dire à sa mère.

Mais le flair de Zhao Huizi était devenu aussi aiguisé que celui d'un chien de chasse ; très vite, elle trouva le paquet de viande de bœuf séchée. Que Jin Yiming en mangeât, elle n'avait rien contre, mais qu'il en donnât en cachette à Jin Ling la mettait hors d'elle : il s'agissait d'une véritable rébellion antirégime ! Huizi était à la fois triste et fâchée, elle trouvait que son mari et sa fille ne la comprenaient absolument pas. Ce n'est que lorsque Jin Ling lui remit d'elle-même les morceaux de viande qu'elle avait cachés, en lui promettant de ne plus recommencer, que Huizi s'apaisa.

Deux semaines ne s'étaient pas écoulées depuis le début du régime, il restait encore deux petits sachets dans la troisième boîte de

Guoshi, quand Jin Ling s'évanouit en cours de gymnastique. Huizi eut tellement peur quand on lui téléphona au magazine qu'elle faillit s'évanouir elle aussi. Accompagnée d'une collègue, elle se rendit à l'école en taxi. Jin Ling était assise toute molle sur une chaise dans le bureau du professeur Xing qui lui donnait à boire un bol d'eau sucrée. Huizi se précipita sur Jin Ling, lui prit la main, et se mit à pleurer. Elle n'entendit rien de ce que lui disait le professeur Xing, en son for intérieur elle se répétait : J'ai vraiment fait une bêtise, j'ai vraiment fait une bêtise…

Ce soir-là, Huizi acheta une vieille poule bien grasse, pour faire un bouillon bien épais. Toute la maison était remplie d'une délicieuse odeur de bouillon de poule. En rentrant, Jin Yiming poussa des cris de joie et s'exclama : « C'est vraiment agréable, tellement agréable que j'ai l'impression que je vais fondre ! »

Les deux sachets de Guoshi qui restaient ne furent évidemment jamais mangés. Huizi les jeta à la poubelle.

Par la suite, le poids de Jin Ling remonta d'un coup : elle avait perdu deux kilos et demi, elle en reprit rapidement cinq. Chaque fois qu'elle montait sur le pèse-personne, elle était toute honteuse et avait l'impression de faire de la peine à sa mère. Mais Huizi disait : « Ce n'est pas grave, ce n'est pas grave, tu maigriras de toi-même. »

Et l'impact du poids sur les capacités intellectuelles ? Huizi n'évoqua plus le problème.

Chez la grand-mère maternelle et chez la grand-mère paternelle

Jin Ling et ses grands-mères habitaient la même ville. Jin Ling adorait aller chez elles. Il y avait à cela deux raisons : là-bas, elle n'avait pas besoin de faire de devoirs de la journée, ce qui évitait aussi les discussions avec sa mère sur les fichus problèmes d'examens et de notes ; et, de plus, elle pouvait manger autant de choses délicieuses qu'elle voulait.

Tous les enfants de la grand-mère maternelle, à l'exception de Huizi, avaient quitté la ville. Aussi quand Huizi, accompagnée de Jin Yiming et de Jin Ling, rendait visite à la grand-mère et au grand-père, c'était un événement pour eux ; ils se rendaient au marché plusieurs jours auparavant, puis se lançaient dans de longs et compliqués préparatifs.

Le grand-père faisait bien la cuisine, il avait pour spécialités les quenelles de viande au bouillon, les travers de porc aigres-doux, le canard aux huit trésors, le ragoût de porc aux pousses de bambou séchées ; des plats dont Jin Ling ne se lassait pas. La grand-mère savait faire toutes sortes de galettes, fourrées ou non, dont sa petite-fille raffolait également.

Quand Zhao Huizi arrivait chez ses parents, elle annonçait : « Ne faites pas trop à manger aujourd'hui, Jin Ling doit maigrir.

— C'est vrai, il faut qu'elle maigrisse, approuvait la grand-mère. D'accord, on ne fera pas beaucoup à manger aujourd'hui. »

Mais un peu plus tard, de grands et magnifiques plats appétissants, préparés à l'avance, apparaissaient sur la table. La grand-mère demandait sans arrêt à Jin Ling : « Tu trouves que c'est bon ? Tu aimes bien ? »

Jin Ling, joyeuse, la bouche pleine, faisait oui de la tête en disant : « C'est bon, c'est bon ! »

La grand-mère, émoustillée par les compliments de Jin Ling, lui remplissait sans arrêt son bol, comme si elle espérait qu'elle avale même le récipient.

Huizi protestait : « Maman !

— Allez, allez, un enfant n'a pas besoin de maigrir ! Elle ne vient pas souvent chez nous. »

Huizi qui ne voulait pas mécontenter sa mère se taisait et regardait Jin Ling avaler d'énormes quenelles de viande.

Chez la grand-mère paternelle, les choses se passaient à peu près de la même manière. La différence était qu'il y avait beaucoup de gens, des oncles, des tantes, des cousins et des cousines, tout autour de la table. Huizi osait encore moins intervenir, et pouvait seulement faire semblant de ne pas voir tout ce que Jin Ling mangeait.

La grand-mère paternelle avait aussi une particularité : elle mettait souvent de côté quelques bons morceaux ; quand Jin Ling était sur le point de partir, comme par magie, elle sortait du frigo une boîte pleine à ras bords de victuailles qu'elle donnait à Jin Ling devant Huizi désarmée. Dans la boîte, il y avait deux cuisses de poulet bien grasses, ou de grands cubes de porc laqué, ou de grands morceaux de poisson frit, ou encore du concombre de mer ou des tripes.

Jin Ling était le chouchou de la grand-mère paternelle et celle-ci, en gage d'affection, lui mitonnait de petits plats. Si Huizi et sa famille ne s'étaient pas rendus chez elle pendant un moment, elle leur apportait parfois même à domicile, dans un panier, des plats qu'elle avait cuisinés. Quand Jin Ling était devenue grosse, Huizi s'était chamaillée plus d'une fois avec la grand-mère pour savoir à qui en incombait la faute. Huizi reprochait à sa belle-mère d'apporter trop de viande. La grand-mère se mettait à crier : « Incroyable ! Elle ne mange rien de recherché, ce ne sont que des mets ordinaires. Et puis, depuis qu'elle est petite, Jin Ling est avec toi, c'est toi qui l'as nourrie. Tu ne peux t'en prendre qu'à toi-même. »

Huizi, à court d'arguments, ne pouvait effectivement que s'en prendre à elle-même.

La grand-mère maternelle avait enseigné toute sa vie. Elle s'était toujours adressée à Huizi et à ses frères et sœurs sur un ton professoral, et aujourd'hui, elle adoptait la même attitude avec ses petits-enfants. Par exemple quand Jin Ling regardait la télé, elle la rappelait régulièrement à l'ordre : « Tiens-toi droite ! Mets-toi à deux mètres de l'écran ! » Pendant les repas, elle exigeait que Jin Ling n'écarte pas trop ses bras pour ne pas gêner ses voisins, ne choisisse pas les morceaux dans les plats, ne brandisse pas ses baguettes devant le nez des gens, termine tout son bol de riz.

Pas le droit de faire ceci, pas le droit de faire cela, Jin Ling n'était pas très à l'aise chez sa grand-mère maternelle. Elle la respectait tout en gardant ses distances. Mais elle appréciait particulièrement une chose, c'est que sa grand-mère maternelle n'était pas très exigeante pour les notes à l'école : 80 sur 100 à un examen, ça lui allait. La grand-mère s'emportait souvent contre les enfants qui en dehors de leurs études n'avaient aucune autre activité. Elle s'écriait, compatissante : « De bonnes notes, mais de véritables incapables ! De bonnes notes, mais de véritables incapables ! » Et elle faisait la leçon à Huizi : « Les notes, ce n'est pas le plus important, le plus important est que l'enfant comprenne. Si Jin Ling a compris, mais qu'au moment de faire les exercices elle oublie quelque chose par inattention ou se trompe, ce n'est pas la peine de t'énerver contre elle. A l'école primaire, ni toi, ni tes frères et sœurs ne faisiez partie des premiers de la classe. Mais aujourd'hui, vous avez tous réussi. »

Huizi trouvait que s'il était exact que ses frères et sœurs avaient réussi, en ce qui la concernait c'était exagéré. En quoi avait-elle réussi ? Elle était éditrice dans un magazine, elle n'avait pas fait carrière et ne gagnait pas énormément d'argent. Tous les jours, elle corrigeait et récrivait des articles sans grand intérêt ; quelquefois, elle devait même prendre sur elle-même pour dégotter de la publicité. Les ambitions qu'elle avait à l'université étaient toutes parties en fumée, tous ses espoirs se reportaient maintenant sur Jin Ling. Si elle souhaitait que sa fille ait des résultats exceptionnels, qu'elle réussisse l'examen d'entrée à l'Ecole des langues étrangères, qu'elle étudie dans une grande université, qu'elle devienne quelqu'un de remarquable, c'était évidemment parce qu'elle transférait sur Jin Ling ses rêves déçus. Mais la grand-mère ne se doutait absolument pas de son état d'esprit.

La grand-mère maternelle avait un grand regret : elle ne savait pas faire de vélo. Une fois à la retraite, elle aimait se promener, sortir, aller voir des amis ou d'anciens collègues, mais comme elle ne savait pas faire de vélo, elle était limitée dans ses déplacements. Les pensions des grands-parents étaient correctes, mais prendre un taxi chaque fois qu'ils sortaient était un luxe qu'ils ne pouvaient pas se permettre. Un jour, l'oncle de Jin Ling qui habitait Shenzhen était venu rendre visite à sa famille ; il eut tout d'un coup l'idée saugrenue d'acheter un tandem à ses parents. Le grand-père assis devant tenait fermement le guidon, la grand-mère à l'arrière pédalait avec énergie en tortillant ses fesses. Tous deux étaient parfaitement assortis. A partir de ce jour-là, ils se déplacèrent toujours en tandem pour faire leurs courses, pour se promener, pour se rendre au parc ; ils faisaient partie du décor de la ville.

Jin Ling enviait énormément la vie de son grand-père et de sa grand-mère. A plusieurs reprises, elle dit à Huizi : « Si seulement je pouvais avoir d'un coup soixante ans, je ne serais plus obligée d'étudier, je pourrais faire du vélo toute la journée, aller où bon me semble !

— Ce serait vraiment dommage ! Si tu passais de l'enfance directement à la vieillesse, sans connaître les bonnes années de l'adolescence, de la jeunesse et de l'âge mûr, ta vie ne serait pas très intéressante !

— Je ne demande pas une vie intéressante, je veux m'amuser, répondit Jin Ling. Aller à l'école et étudier, ce n'est vraiment pas amusant. Passer sans arrêt des examens, entendre parler tout le temps de notes, je préférerais encore mourir ! »

Le cœur de Huizi se serra, elle attrapa Jin Ling, comme si elle allait vraiment disparaître de cette terre : « Je t'interdis de dire des sottises pareilles ! dit-elle, toute pâle. Tu envies la vie de tes grands-parents qui sont à la retraite, mais eux, ils envient bien davantage ta jeunesse. Demande-leur ce qu'ils préféreraient, s'ils avaient le choix : leur vie actuelle ou tes problèmes. Tu verras !

— De toute manière, je n'aime pas aller à l'école », grommela Jin Ling.

Autant Jin Ling éprouvait du respect mêlé de crainte à l'égard de sa grand-mère maternelle, autant elle n'en faisait qu'à sa tête et se sentait libre chez sa grand-mère paternelle. Celle-ci cédait à tous ses caprices, même les plus extravagants. Mais elle accordait énormément d'importance aux résultats scolaires de Jin Ling. A chaque période d'examen, elle recommandait à Huizi : « Aide-la à bien réviser ! Il faut la visser un peu ! »

Quelquefois, quand Jin Ling avait passé un examen le matin, elle téléphonait dès midi et lui demandait gentiment : « Quelle note as-tu eue ? » Jin Ling répondait avec mauvaise humeur : « Je ne sais pas ! » La grand-mère ne le prenait pas mal ; le soir elle ne pouvait s'empêcher de rappeler pour poser la même question : « Quelle note as-tu eue ? »

Jin Ling, désemparée, disait à sa mère : « Grand-mère ne s'intéresse vraiment qu'aux notes. Elle est encore pire que le professeur Xing !

— C'est parce qu'elle veut ton bien », répondait Huizi.

Quand la grand-mère paternelle apprenait les notes de Jin Ling, elle était toujours déçue, car ses résultats étaient toujours nettement inférieurs à ce qu'elle avait espéré. En faisant la moue, elle rabâchait sur un ton de regret : « Mais comment se fait-il que tu aies eu si peu de points ? Mais comment se fait-il que tu aies eu si peu de points ? Une enfant si intelligente… »

De retour chez elle, la grand-mère se tournait et se retournait dans son lit à cause des notes de Jin Ling, n'arrivant pas à trouver le sommeil. Elle se creusait la tête pour trouver un moyen d'aider sa petite-fille. Ensuite, alors que le jour n'était pas encore levé, elle se rendait au marché pour acheter du poisson, des crevettes, du foie de porc, de l'anguille et, essoufflée, apportait le tout chez son fils pour « fortifier » le cerveau de Jin Ling.

Huizi répondait d'un ton peu amène : « Fortifier son cerveau ! Moi j'ai plutôt l'impression que son cerveau est trop gras, de la même manière que les poules trop grasses sont de mauvaises pondeuses. »

La grand-mère ne s'offusquait pas de l'attitude de Huizi, elle comprenait sa déception et sa colère. Compatissante et résignée, elle soupirait : « Il faut être patiente, quand elle aura grandi un peu, qu'elle sera un peu plus mûre, ça s'arrangera. C'est une enfant intelligente. »

Jin Ling était peut-être intelligente, mais elle n'avait jamais 100 sur 100, ce que sa grand-mère paternelle n'arriverait jamais à comprendre. Aussi gâtait-elle Jin Ling, mais en même temps elle lui en voulait, elle l'adorait mais était aussi irritée contre elle. Par certains côtés, elle se faisait encore plus de souci pour Jin Ling que Huizi.

Une affaire imprévue

La période après le 1er janvier fut affreuse : les tests et les examens se succédèrent sans relâche.

Il y eut tout d'abord les épreuves dans les matières subsidiaires : musique, dessin, sport, instruction civique, actualité, sciences naturelles, travaux manuels… Ensuite, celles portant sur les matières principales : chinois, maths et anglais. Ces trois matières entraient toujours en scène en dernier, comme le morceau à succès qui clôture une représentation théâtrale, pour un finale sensationnel, comme si on espérait que le rideau s'abaisse doucement au milieu des applaudissements des parents et des enfants.

Les matières principales n'étant pas encore à l'ordre du jour, Huizi s'occupa d'abord des épreuves subsidiaires.

L'épreuve de sport comptait pour le concours d'entrée au lycée, Huizi le savait.

Mais elle entendit dire qu'à partir de cette année, le sport compterait aussi pour l'examen d'entrée au collège. Un souci supplémentaire pour Huizi, car Jin Ling n'était pas bonne en sport.

Jin Ling n'était pas mauvaise dans toutes les disciplines sportives : en gymnastique, par exemple, même si cela lui demandait des efforts, en serrant les dents, elle y arrivait. Elle était aussi bonne en lancer du poids : ses résultats dépassaient largement la moyenne, elle faisait partie des meilleurs. Les gens solidement bâtis sont réputés avoir de la force : Jin Ling était grande et robuste, ce qui lui conférait quelques avantages.

Ses deux points faibles étaient le saut en longueur sans élan et le cinquante mètres. En saut et en course, Jin Ling était nulle. Pour sprinter, il fallait être musclée et rapide ; pour le saut en longueur, il fallait avoir du ressort et être capable de ramasser toute son énergie. Jin Ling n'avait pas ces qualités. Et comme elle ne les avait pas, elle n'avait pas la moyenne en sport.

« Même en sport, je suis obligée de me faire du souci pour toi, lui reprochait Huizi.

Normalement, pour les enfants de dix ans, courir et sauter est naturel et amusant.

— Toi et papa n'aviez qu'à me donner un peu plus de cellules sportives », rétorquait Jin Ling avec assurance.

La responsabilité retombait sur Huizi, qui ne cessait de se lamenter.

Huizi s'informa à gauche et à droite, frappa à toutes les portes, et finit par apprendre que le Bureau de l'éducation de la ville avait décrété que, cette année encore, l'épreuve de sport ne compterait pas pour l'examen d'entrée au collège. Elle était vraiment soulagée. Il fallait s'occuper de chaque chose en son temps, pensa-t-elle, pour les épreuves de sport ultérieures, elle aviserait le moment venu.

Le matin de l'examen de sport de fin de semestre, Huizi donna du lait, un œuf et une brioche fourrée à la viande à Jin Ling au petit déjeuner. Elle dit : « Le sport ne compte pas pour l'examen d'entrée au collège, mais il comptera pour l'entrée au lycée. Tu dois faire de ton mieux dès maintenant, pour avoir le maximum de points. »

Jin Ling comprenait, elle acquiesça d'un signe de la tête : « Je sais, maman. »

L'examen commença par le saut en longueur sans élan, l'épreuve que Jin Ling redoutait le plus. Le professeur de sport, très jeune, avait le visage couvert d'acné : un décimètre et une baguette en bois à la main, il retraçait sans arrêt dans le sable la limite à franchir que les enfants effaçaient lors de leur passage. Quand arriva le tour de Jin Ling, il lui donna en souriant un petit coup de baguette sur la tête en disant : « Allez ! »

En son for intérieur, Jin Ling se disait aussi : Allez ! En même temps, elle se ramassa sur elle-même comme un chat, et sauta de toutes ses forces vers l'avant.

De sa baguette, le professeur de sport désigna la marque au sol : « Regarde ! Il manque encore tout ça !

— Mais j'ai sauté de toutes mes forces !

— Ma petite, tu ne fais pas le bon mouvement, tu n'as pas assimilé la technique », répondit le professeur en riant.

Il se mit sur la ligne de départ pour faire une démonstration à Jin Ling. Il était vraiment génial : il sauta presque deux fois la distance de l'élève.

Jin Ling se concentra et sauta encore deux fois. La deuxième fois, elle n'était pas loin de la marque, mais ne l'avait néanmoins pas atteinte.

« C'est dommage, tu as déjà passé tes trois essais », dit le professeur de sport en regardant Jin Ling avec sympathie et regret.

Jin Ling le fixait avec des yeux tristes et suppliants. On aurait dit un lapin blessé tombé aux mains d'un chasseur, c'était insupportable.

Le professeur cligna des yeux et s'exclama : « Ah ! mais tu as mis des petites tennis blanches aujourd'hui. Si tu avais de grosses chaussures de sport, la pointe aurait à coup sûr été sur la ligne ! Allez, c'est bon ! »

Jin Ling sauta de joie, elle leva la main droite et fit le V de la victoire avec ses doigts en direction de Yang Xiaoli qui, de loin, s'enquérait de ses résultats.

L'épreuve suivante était le cinquante mètres. Les élèves devaient courir par équipes de quatre. Jin Ling était dans le même groupe que Shang Hai, Li Lin et Li Xiaojuan. Comme Jin Ling avait passé avec succès l'épreuve de saut en longueur, mise en confiance, elle avait l'impression qu'il allait lui être plus facile de réussir l'épreuve de course.

Les quatre se mirent en position sur la ligne de départ en se faisant des grimaces. Shang Hai dit à Jin Ling tout bas : « Tu n'as qu'à me suivre, et ce sera bon. »

Jin Ling pensa : Certainement pas ! Tu n'as même pas réussi l'épreuve le semestre dernier.

A ce moment-là, fusa le coup de sifflet.

Li Xiaojuan prit le meilleur départ : quand le coup de sifflet retentit, elle s'élança, devançant les autres. Jin Ling était lourde, elle eut du mal à démarrer et se retrouva derrière Shang Hai. Mais derrière elle, il y avait encore Li Lin : celui-ci n'avait absolument pas réagi au coup de sifflet, il n'avait démarré qu'en voyant les autres courir.

Jin Ling était furieuse d'être à la traîne dès le départ. Elle décida d'utiliser sa botte secrète : courir les yeux fermés. Quand on court vite, comme tout bouge très rapidement autour de soi, on a l'impression qu'on risque de foncer dans quelque chose, ce qui bloque psychologiquement et empêche d'accélérer. En fermant les yeux, comme on ne voit plus rien, on peut foncer tête baissée vers l'avant et faire une bonne course. C'était la conclusion à laquelle Jin Ling était arrivée par expérience.

Elle ferma les yeux ; en se mordant les lèvres, tous les muscles de son visage tendu, elle était décidée à y aller à fond. Elle n'entendait que le vent qui sifflait à ses oreilles. L'air glacé lui piquait les joues et les bouffées qu'elle inspirait, en coulant dans la trachée et les poumons, l'étouffaient et l'irritaient. Elle avait envie de tousser, mais elle était décidée à résister jusqu'au bout : Tenir bon, surtout tenir bon ! Encore trois secondes, et c'est bon, juste trois secondes !

Soudain, quelque chose de dur tapa contre son pied. Elle se tordit la cheville et, ne réussissant pas à s'arrêter, tomba lourdement vers l'avant. Au moment où elle tombait, elle pensa encore : C'est foutu, c'est foutu pour la course !

Elle n'avait pas encore ressenti la moindre douleur quand tout d'un coup quelque chose de lourd culbuta par-dessus elle et tomba dans un grand bruit, avant de rouler encore plusieurs fois. Elle releva la tête pour regarder : c'était Li Lin, il s'était étalé comme elle.

Le professeur de sport accourut à petites foulées et lui tendit la main pour l'aider à se relever : « Tu t'es fait mal ? »

Jin Ling fit des petits mouvements de la tête, remua les bras. Elle avait un peu mal au coude, mais sinon ça allait.

Le professeur alla relever Li Lin. A peine eut-il touché son bras que celui-ci poussa un hurlement. D'abord, le professeur pensa que Li Lin jouait la comédie, car c'était un élève très dissipé. Mais quand il voulut l'aider à se relever, celui-ci eut tellement mal qu'il se mit à pleurer de douleur. Le professeur, se rendant compte que quelque chose n'allait pas, s'accroupit pour l'examiner et s'aperçut qu'il avait une fracture à l'avant-bras.

Certains des élèves qui se trouvaient autour de la piste voulurent aussitôt aller chercher le professeur Xing, d'autres se proposèrent pour porter Li Lin à l'infirmerie, d'autres encore suggérèrent de téléphoner à sa famille ; tout le monde parlait en même temps. Le professeur de sport était encore très jeune et n'avait jamais eu à faire face à ce genre d'accident ; encore plus décontenancé que les élèves, il ne savait que faire.

Heureusement, le professeur Xing, alerté par le bruit, arriva en courant de son bureau. En voyant le visage de Li Lin, elle somma immédiatement les deux garçons les plus robustes de la classe de l'aider à porter l'élève jusqu'aux urgences du dispensaire du quartier, elle chargea le gros Yu Pang qui habitait près de chez Li Lin de prévenir ses parents, et dit aux autres élèves de terminer leur examen de sport.

« Ce n'est pas grave, ne vous en faites pas. » Sur ces mots, Mme Xing demanda à Li Lin de s'appuyer sur elle de son bras valide, ordonna aux deux autres élèves de soutenir le bras blessé de Li Lin, et ils sortirent de l'école pour se rendre au dispensaire.

Jin Ling, debout au bord de la piste, hébétée, n'était pas encore remise de son choc.

Yang Xiaoli la rejoignit et lui tapa sur le bras : « Qu'est-ce que t'as ? La course n'est pas finie !

— Tu crois que c'est de ma faute ? » lui demanda-t-elle à voix basse.

Yang Xiaoli fit la moue : « Toi, tu t'en fais toujours pour rien ! Comme si tu y étais pour quelque chose ! Tu es tombée et Li Lin n'a pas réagi assez vite pour s'arrêter. Ce n'est pas de ta faute s'il est tombé sur toi.

— Mais si je n'étais pas tombée, Li Lin ne se serait pas cassé le bras !

— Et s'il n'y avait pas eu d'examen de sport, s'il n'y avait pas eu d'épreuve du cinquante mètres, tu ne serais pas tombée ! » rétorqua Yang Xiaoli.

Jin Ling, qui trouvait que Yang Xiaoli avait raison, cessa de se faire du souci et, de sa propre initiative, se joignit à la dernière équipe pour passer l'épreuve du cinquante mètres.

En rentrant chez elle pour déjeuner, Jin Ling raconta tout à sa mère. « Le professeur a-t-il dit que tu étais responsable ? » demanda Huizi, un peu anxieuse. Jin Ling fit non de la tête. « Mais tu y es quand même pour quelque chose, ajouta sa mère. Il faut aller rendre visite à Li Lin à l'hôpital. »

Après déjeuner, Huizi envoya Jin Ling à l'école et enfourcha son vélo pour acheter du lait en poudre, des fruits... Puis, chargée de toutes ces courses, elle se rendit à l'hôpital.

Ce n'était pas un grand établissement et Huizi obtint facilement le renseignement qu'elle demandait : on lui dit que Li Lin se trouvait dans le service orthopédique. Quand elle entra dans la chambre, le professeur Xing était encore là. Li Lin portait son bras, déjà plâtré, en écharpe. Une femme aux cheveux permanentés était en train de ranger les affaires de Li Lin dans la table de nuit.

Huizi salua d'abord le professeur Xing, puis demanda à la femme : « Vous êtes la mère de Li Lin ? »

Celle-ci se redressa brusquement et fixa Huizi, les yeux brillants.

Huizi était un peu troublée, elle avait toujours eu peur de ce genre de femme : « Je suis vraiment désolée... » commença-t-elle.

La mère de Li Lin eut un reniflement méprisant : « Vous croyez qu'il suffit de dire "je suis désolée" ? »

Le professeur Xing, qui avait l'expérience de ce genre de situation, intervint :

« Madame Jin, votre fille n'y est pour rien, personne n'est responsable, c'est un accident. C'est vraiment gentil à vous d'être venue voir Li Lin avec tous ces cadeaux…

— Ça, c'est votre avis, professeur Xing, pas le mien », coupa la mère de Li Lin.

Huizi, voyant que les choses tournaient mal, ne savait quelle attitude adopter. Elle se pencha vers Li Lin et lui demanda : « Tu as mal ? »

L'enfant interrogea sa mère du regard. Celle-ci dit : « Si c'était arrivé à votre enfant, vous poseriez ce genre de question ? » Elle ajouta : « En plus, les examens de fin de semestre approchent… Li Lin, dans cet état… »

Le professeur Xing s'empressa de déclarer : « Ne vous en faites pas pour les devoirs de Li Lin, je viendrai les lui apporter à l'hôpital. Je contacterai aussi le professeur de maths et le professeur d'anglais.

— Je demanderai à Jin Ling de venir tous les jours après l'école, pour lui montrer ses cours, ajouta Huizi.

— On en reparlera plus tard », laissa tomber la mère de Li Lin.

Huizi, mal à l'aise, décida de prendre congé. Elle dit « au revoir », mais la mère de Li Lin lui tourna le dos et fit comme si elle n'avait rien entendu. Le professeur Xing raccompagna Huizi et, devant la chambre, la rassura : « Ne vous en faites pas. Surtout, ne dites rien à Jin Ling, pour que ses révisions ne s'en ressentent pas. Les épreuves de fin de semestre sont très importantes, il s'agit en quelque sorte d'un examen blanc. »

En apprenant cela, Huizi pensa immédiatement à Li Lin, qui allait être gravement pénalisé.

Le professeur Xing tourna la tête vers la porte de la chambre et dit à voix basse : « Ce n'est pas grave pour Li Lin, c'est un enfant hyperactif. Il a un certificat médical attestant que son quotient intellectuel est inférieur à la moyenne, il n'a de toute façon aucune chance d'entrer dans un bon collège. Quant à l'attitude de sa mère, ne vous faites pas de souci. Jin Ling n'y est absolument pour rien. »

Le soir, en rentrant de l'école, Jin Ling demanda immédiatement à sa mère : « Tu es allée voir Li Lin ?

— Oui, le médecin a dit que ce n'était pas grave, il ne gardera pas de séquelles. »

Jin Ling eut un geste de soulagement : « J'étais morte de peur, j'y ai pensé tout l'après-midi.

— Tu dois t'appliquer en cours, s'énerva Huizi. Si tu te mets à te dissiper avant les examens à cause de cette affaire, tu vas les rater. Tu dois me promettre de te concentrer sur tes études, de ne pas te soucier d'autre chose. Ton père et moi, nous nous occupons du reste. C'est compris ?

— Je ferai de mon mieux », répondit Jin Ling.

Un moment plus tard, Jin Yiming rentra du travail. Huizi le tira dans la chambre à coucher et ferma la porte derrière eux. « L'affaire de Jin Ling ne va pas être facile à régler, dit-elle à voix basse. La mère n'est pas une personne commode.

— Il n'y a qu'à faire un geste, donner un peu d'argent.

— Combien ? demanda Huizi en regardant son mari.

— Que penses-tu de cinq cents yuans ? Cet enfant a eu mal. Même si Jin Ling n'y est pour rien, il est quand même tombé à cause d'elle. »

Huizi retournait le chiffre dans sa tête. Cinq cents yuans représentaient une somme importante pour eux, c'était presque son salaire mensuel. Mais Jin Yiming et Jin Ling ne supportaient pas que quelqu'un ait à pâtir de leur faute. S'ils ne donnaient pas cet argent, Jin Ling garderait cette affaire en tête, et cela risquait d'affecter ses études et ses examens. On disait qu'avec de l'argent, on pouvait éviter les catastrophes ; Huizi n'aimait pas les histoires, mieux valait donner de l'argent.

Huizi était en train d'ouvrir une armoire fermée à clé pour vérifier s'ils disposaient de cette somme à la maison, quand la sonnette de la porte d'entrée retentit. « Va voir », demanda-t-elle à Jin Yiming.

Celui-ci alla ouvrir. Un instant après, elle l'entendit crier : « Huizi, viens vite ! »

Huizi pensa qu'il était tombé sur un de ces effrayants colporteurs qui vendaient des couteaux au porte-à-porte. Elle referma l'armoire à clé et sortit vite de la chambre.

C'était la mère de Li Lin.

« Il est arrivé quelque chose à Li Lin ? C'est grave ? » demanda Huizi, paniquée.

La femme entra d'un pas décidé dans l'appartement, et s'assit sur la table du salon : « Li Lin va bien, mais moi non », annonça-t-elle.

Jin Ling, alertée par les bruits de voix, accourut. Huizi la repoussa tout de suite vers sa chambre en lui disant à voix basse : « Va terminer tes devoirs, ça ne te concerne pas. »

La mère de Li Lin éleva la voix : « Bien sûr que ça la concerne. Qu'elle reste pour entendre ce que j'ai à dire. »

Huizi devint toute blanche : « Je vous en prie, s'il y a un problème, vous pouvez nous en parler, mais ne vous en prenez pas à cet enfant ! »

La mère de Li Lin éclata de rire : « D'accord, vous payez trois mille yuans, et on n'en parle plus. »

Huizi resta pétrifiée, bouche bée.

« Vous exagérez, dit Jin Yiming. En quel honneur nous vous donnerions trois mille yuans ?

— Exagéré ? Trois mille yuans, c'est exagéré ? » La mère de Li Lin énuméra sur les doigts de sa main gauche : « Les frais d'hospitalisation de Li Lin, les médicaments, les piqûres, le plâtre et les bandages, tout ça va coûter au minimum deux mille yuans, c'est le médecin qui l'a dit. Li Lin a énormément souffert, je dois lui cuisiner des petits plats pour qu'il récupère, mettons cinq cents yuans, ce n'est pas beaucoup. Et puis, c'est un enfant, il faut que quelqu'un le veille à l'hôpital ; je suis obligée de prendre des jours de congé, ce qui ampute mon salaire et mes primes, encore cinq cents yuans. Les petits frais supplémentaires, je vous en fais cadeau. Si vous acceptez de payer l'essentiel, c'est bon. »

En l'entendant compter ainsi, Jin Yiming, qui avait pourtant bon caractère, devint pâle de colère. Il tapa de la main sur la table : « Dites-moi, madame, vous êtes sûre que vous allez bien ? Si votre fils est tombé, ce n'est pas de la faute de Jin Ling, même l'école le reconnaît, je ne vois pas pourquoi nous payerions tout cela. »

La mère de Li Lin se dressa d'un bond : « Comment cela, ce n'est pas la faute de Jin Ling ? Si elle ne s'était pas mise en travers de sa route, il ne serait pas tombé et ne se serait pas cassé le bras.

— Dans votre logique, si votre fils avait blessé Jin Ling en tombant sur elle, nous pourrions exiger que vous payiez les frais médicaux de notre fille ?

— Bien sûr, et je paierais. Sauf que Jin Ling n'a rien, c'est Li Lin qui est blessé.

— Vous, vous, vous… » Jin Yiming, un doigt pointé sur elle, bégayait de colère.

Huizi, qui s'était assise, n'avait rien dit depuis un moment ; elle pensait avec amertume au dicton : *Quand un lettré a des démêlés avec un soldat, il a du mal à s'expliquer*. Elle finit par se lever, se mit devant Jin Yiming et dit à la mère de Li Lin : « Je propose la chose suivante. La somme que vous demandez est trop importante, nous ne sommes pas si riches, nous n'avons pas cet argent à la maison et les banques ne sont pas ouvertes le soir. Rentrez chez vous, je vais en discuter avec mon mari, et nous ferons part de notre décision au professeur Xing qui vous la transmettra. D'accord ?

— Pas de problème, ce n'est pas pressé. Je sais où vous trouver », ricana la mère de Li Lin.

Après son départ, Huizi et Jin Yiming mirent un moment à reprendre leurs esprits.

Jin Ling se serra contre sa mère : « C'est de ma faute, parce que je suis tombée », gémissait-elle.

Huizi lui caressa la tête : « Non, ni ton père ni moi ne pensons que c'est de ta faute, cette femme exagère.

— Qu'allons-nous faire ? Lui donner de l'argent ? »

Huizi fit non de la tête : « Tu n'y es pour rien, on n'a pas à donner d'argent.

— Mais moi j'ai peur, fit Jin Ling d'une toute petite voix.

— Et de quoi as-tu peur ? intervint Jin Yiming, hors de lui. Il y a des principes sur cette terre ! On n'a pas le droit de se servir de n'importe quel prétexte pour escroquer les gens. Cela dépasse les bornes ! Je ne donnerai certainement pas trois mille yuans, même si pour cela je dois supporter des années de procès ! Je ne donnerai même pas cinq cents yuans ! »

Huizi avait plus de sens pratique. Elle pensait qu'ils seraient de toute façon obligés de donner quelque chose, la question était de savoir combien. Elle allait en discuter avec l'école.

Le lendemain, Huizi se rendit à l'école pour trouver le professeur Xing. Mme Xing s'apprêtait à faire dactylographier un exercice de chinois : elle portait une pile de cahiers de rédaction qu'elle venait de ramasser dans une classe et, sous un bras, avait coincé un livre de chinois, ses notes de cours, etc. Elle avait l'air débordée. En voyant Huizi, elle s'exclama : « Que se passe-t-il ? Jin Ling est traumatisée par l'accident ? »

Avec un sourire amer, Huizi lui fit part des exigences de la mère de Li Lin la veille au soir.

Les sourcils du professeur Xing se levèrent d'étonnement : « De quel droit ? En quel honneur vous réclame-t-elle de payer les frais médicaux ? Il y a des gens qui ne doutent vraiment de rien !

— Le père de Jin Ling est du même avis, mais dans ce genre d'affaire…

— Venez, allons voir le directeur », dit le professeur Xing.

Chargée de toutes ses affaires, Mme Xing monta avec Huizi chez le directeur. Huizi lui proposa de l'aider, mais elle déclina son offre : « Ce n'est pas la peine, ce n'est pas la peine, j'ai l'habitude. »

Le professeur Xing est déjà débordé de travail, pensa Huizi, c'est vraiment gênant de l'importuner avec cette histoire.

Le directeur de l'école était également très occupé. Devant lui s'entassait une pile de formulaires pour les élèves de l'école qui allaient passer l'examen d'entrée au collège, à transmettre au Bureau de l'éducation du district. Debout, appuyé de ses deux bras sur son bureau, il attendit que le professeur Xing ait fini de parler pour dire, très étonné : « Il y a ce genre de parent d'élève chez nous ? Je croyais que cette affaire était réglée. C'est un accident, s'il fallait trouver un responsable, ce serait le professeur de sport qui n'a pas été assez vigilant. L'école a déjà statué sur le cas et a décidé de payer la moitié des frais médicaux de Li Lin. Professeur Xing, vous n'avez pas communiqué cette décision aux parents de Li Lin ? »

Le professeur Xing répondit que si.

« Alors ils n'ont aucune raison de réclamer encore de l'argent, trancha le directeur, vous n'avez qu'à les ignorer. »

En sortant de chez le directeur, le professeur dit à Huizi : « Bon, je vous abandonne ici. Si la mère de Li Lin fait encore des histoires, dites-lui de s'adresser au directeur. »

Huizi acquiesça. Elle lui était très reconnaissante. Elle pensa qu'il fallait vraiment que Jin Ling ait de meilleurs résultats pour faire honneur à un si bon professeur.

Ce soir-là, au cours du dîner, Huizi racontait son entrevue avec le directeur de l'école quand le téléphone sonna. Huizi dit : « J'y vais. » Elle se leva et décrocha.

Une voix d'homme qu'elle ne connaissait pas dit, menaçante : « L'argent est prêt ? Si on ne l'a pas dans les trois jours, gare à vous !

— Mais qui êtes-vous ? demanda Huizi, apeurée.

— Le roi des enfers ! Vous paierez, vous ne m'échapperez pas ! »

Huizi raccrocha, elle était toute blanche. Jin Yiming demanda qui c'était, ce qu'on lui avait dit, mais elle ne répondit pas.

Pour finir, ils s'attaquèrent à Jin Ling. Un jour, alors que celle-ci rentrait de l'école, un homme portant des lunettes noires surgit devant elle et l'attrapa par le bras : « Tu t'appelles Jin Ling ? lui demanda-t-il. Tu es dans la classe de Li Lin ? »

Jin Ling, effrayée, se rappela immédiatement ce que sa mère lui avait dit sur les kidnappings, et allait se mettre à crier. L'homme semblait l'avoir deviné, car au même instant il lui pinça méchamment le bras : « Si tu cries, je te tue ! » Jin Ling refoula son cri dans sa gorge.

L'homme lui intima : « Dis à ta mère d'apporter trois mille yuans à l'hôpital Xinhua, t'as compris ?

— Oui », balbutia Li Jing. Puis, avec la rapidité de l'éclair, elle baissa la tête et mordit violemment l'homme à l'avant-bras. Avec un cri, l'homme desserra son étreinte. Jin Ling en profita pour se libérer et s'enfuir. A ce moment-là, elle courait tellement vite qu'elle aurait passé sans problème l'épreuve du cinquante mètres ; les affaires de son cartable, dans son dos, sautaient comme du popcorn. Un vélo d'enfant était couché sur la route, lui barrant le chemin : elle prit son élan et sauta par-dessus. Si le professeur de sport avait été là pour mesurer, elle aurait à coup sûr franchi la ligne requise.

Jin Yiming n'était pas encore rentré du travail. Quand Jin Ling eut raconté l'histoire à sa mère, celle-ci se précipita sur la porte d'entrée, la ferma à clé et mit la chaîne de sécurité. Elle sortit ensuite sur le balcon pour essayer d'apercevoir l'homme. Mais il avait disparu. Elle ne vit que la bicyclette d'enfant au milieu de la route.

« On n'a qu'à appeler la police, proposa Jin Ling.

— Mieux vaut pas, apparemment on a affaire à des voyous, ils pourraient se venger sur toi.

— Mais on dit qu'il faut se mobiliser contre les voyous et les mauvaises actions ! s'indigna Jin Ling.

— Tu ne peux pas comprendre, dit Huizi, c'est une affaire privée, la justice ne s'occupe pas de cela. »

Jin Yiming n'arrivait toujours pas. Huizi, qui avait de plus en plus peur, téléphona à la grand-mère paternelle pour l'appeler à la rescousse.

La grand-mère était encore plus peureuse. En apprenant l'histoire, elle se mit à hurler : « Donnez-leur l'argent ! Donnez-leur l'argent ! Si vous ne l'avez pas, je le donnerai, moi ! Je ne veux pas qu'ils s'en prennent encore à ma petite-fille !

— S'il avait vraiment fallu payer, nous l'aurions fait, ce n'est pas à vous de le faire. Nous ne l'avons pas fait, car nous trouvions que c'était injustifié.

— Des choses injustifiées, il n'en manque pas dans ce monde, soupira la grand-mère. Savoir si quelqu'un est dans son bon droit ou s'il a tort n'est pas toujours simple. Quand on se retrouve dans ce genre de situation, on ne peut qu'accuser la malchance. Par exemple, si j'étais tombée gravement malade, vous auriez aussi été obligés de dépenser de l'argent pour moi. »

A ce moment-là, quelqu'un frappa à la porte. Huizi n'osa pas ouvrir, elle regarda longuement à travers l'œilleton de sécurité, avant de demander à voix forte : « C'est toi, Jin Yiming ? » Ce n'est qu'après avoir entendu le son de sa voix qu'elle déverrouilla la porte et enleva la chaîne de sécurité. Jin

Yiming ne put entrer qu'après toutes ces manœuvres.

Il regarda tout autour de lui : « Qu'est-ce qui se passe ? C'est l'état de siège ? » Sans attendre la réponse de Huizi, il ajouta : « Tu ne sais pas ? La famille de Li Lin m'a téléphoné au travail pour me menacer. C'est du harcèlement, du pur harcèlement ! »

Huizi se laissa tomber sur une chaise, et dit comme pour elle-même : « Il faut donner cet argent. »

Mais, même la décision prise, il ne fut pas facile de réunir la somme. Pour une famille moyenne, rassembler trois mille yuans n'était pas évident. Par chance, au travail, Jin Yiming venait de toucher huit cents yuans, auxquels Huizi ajouta ce qui restait de leurs salaires du mois, soit trois ou quatre cents yuans. Pour le reste de la somme, Huizi décida de vendre des bons du Trésor ; en les vendant avant l'échéance, ils perdaient beaucoup d'argent, mais ils ne pouvaient pas faire autrement.

A l'école, Jin Ling raconta tout à son amie Yang Xiaoli. Celle-ci voulut organiser une collecte dans la classe pour aider la famille de Jin Ling à réunir l'argent. Jin Ling, touchée, trouva que c'était une bonne idée, sa mère aurait à vendre moins de bons du Trésor. Mais en y réfléchissant à deux fois, elle trouva que ce n'était pas possible : on ne collectait de l'argent que pour les grandes causes, par exemple pour aider les orphelins ou les enfants gravement malades, on n'avait jamais entendu parler de collecte en faveur d'une famille comme la sienne. Yang Xiaoli s'efforça de la convaincre : « Ne sois pas stupide, il n'y a aucune raison que ce soit ta famille qui paye ! » Mais Jin Ling s'y opposa et refusa de revenir sur sa décision.

Jin Ling avait une très jolie montre avec des personnages de dessins animés que sa grand-mère maternelle lui avait rapportée de Shenzhen pour son dixième anniversaire. La montre, de toutes les couleurs, était très grande et avait une petite perle rouge que l'on pouvait faire bouger comme une étoile filante. Zhang Lingling l'aimait beaucoup. Elle avait proposé à plusieurs reprises un troc à Jin Ling qui avait toujours refusé. Mais maintenant, Jin Ling avait très envie d'aider sa mère ; elle demanda à Zhang Lingling si elle accepterait de l'acheter.

Zhang Lingling la traita de haut : « Ta montre est usée, répondit-elle, dédaigneuse.

— Je peux te faire un prix », dit Jin Ling.

Zhang Lingling proposa vingt yuans, et n'en démordit pas. Jin Ling, après avoir longtemps hésité, finit par lui la vendre.

A la maison, elle remit l'argent à sa mère. Huizi, les yeux écarquillés, s'écria : « Mais ta grand-mère a payé cette montre deux cents yuans !

— Je voulais seulement t'aider, se défendit Jin Ling. Je n'avais rien d'autre à vendre ! »

Huizi était peinée, mais aussi émue : elle trouvait que sa fille avait de plus en plus le sens des responsabilités.

Une fois l'argent donné, tout rentra dans l'ordre. Li Lin était rapidement sorti de l'hôpital. Son bras dans le plâtre en écharpe devant la poitrine, il jouait dans la rue. Il confia à Yu Pang que l'accident n'aurait pas pu mieux tomber, puisqu'il lui avait permis d'échapper à ces maudits examens de fin de semestre : c'était vraiment génial.

Jin Ling rata les examens, car elle ressassait toute l'affaire qui avait obligé sa famille à dépenser beaucoup d'argent à cause d'elle. Dès qu'elle y pensait, cela lui faisait de la peine, et elle n'écoutait pas en cours. Comme elle n'arrivait pas à se concentrer, elle n'eut même pas 90 sur 100 dans les matières principales, sauf en anglais.

Durant la période d'examens, comme d'habitude, la grand-mère paternelle téléphona sans arrêt pour connaître les résultats de Jin Ling. Quand elle apprit les notes de Jin Ling qu'elle trouva évidemment mauvaises, elle raccrocha et accourut chez eux. Elle recommanda à Huizi : « Surtout ne la gronde pas, elle a subi une rude épreuve. »

La grand-mère maternelle téléphona aussi : « Plus de 80 points, ça va. Une enfant est une enfant. Si elle ne se trompait jamais, ce serait un robot. »

Huizi ne fit aucun reproche à Jin Ling. Elle n'en avait jamais eu l'intention. Cette affaire avait angoissé toute la famille, il n'était pas possible qu'une enfant en réchappe et étudie comme si de rien n'était.

Si Jin Ling n'avait pas été affectée par l'affaire, elle aurait vraiment ressemblé à un robot, ce qui n'était pas le cas, car Jin Ling avait bon cœur et tenait à partager les soucis de sa famille.

Qui préférez-vous, les chats ou les souris ?

Tous les hivers, les grands-parents maternels passaient quelque temps chez leur fils installé à Shenzhen. Jin Ling et ses parents devaient y aller avec eux cette année. Mais comme Jin Ling avait eu de mauvais résultats aux examens et que, de plus, la famille de Li Lin leur avait escroqué trois mille yuans, Huizi, très déprimée, déclara qu'ils annulaient le voyage.

Mais la grand-mère ne se résignait pas. Elle vint avec le grand-père, en tandem, pour persuader sa fille de les laisser emmener Jin Ling. Sur un ton très officiel, elle déclara : « Même quand on dirige un pays, il y a des moments pour travailler et d'autres pour s'amuser. Les enfants qui ont travaillé durement un semestre entier ont le droit de s'amuser pour le Nouvel An chinois.

— Maman ! s'exclama Huizi, cela fait vraiment longtemps que tu es à la retraite, tu ne te rends pas compte à quel point la compétition est féroce maintenant ! Si Jin Ling part pour les vacances d'hiver, ses camarades qui restent en sauront plus qu'elle. Déjà que Jin Ling est moins bonne qu'eux en classe…

— Comment ça, ma petite-fille est moins bonne que les autres ? la coupa la grand-mère, mécontente. Etudier, toujours étudier ! Jusqu'à en être complètement abruti, et bon à rien d'autre ! Moi, je n'aime pas ce genre d'enfant.

— Peu importe que tu n'aimes pas, dit Huizi, au collège, on les aime bien ! Et à l'université aussi ! Je te signale que l'année prochaine, Jin Ling passe les examens d'entrée au collège. »

La grand-mère ignora cette réponse. Elle emmena Jin Ling dans sa chambre et referma la porte derrière elles. Là, elle lui demanda tout bas : « Dis-moi franchement, tu as envie de partir en vacances ? »

Jin Ling, tête basse, jouait avec ses doigts, sans rien dire. Comme sa grand-mère insistait, elle finit par avouer tout doucement :

« J'en ai envie, oui. Mais j'ai eu des mauvaises notes, je suis triste. Même en vacances, je n'aurai pas le cœur à m'amuser ».

Sa grand-mère lui caressa le visage, poussa un soupir, puis sortit de son porte-monnaie deux cents yuans qu'elle lui fourra dans la main : « Tiens, prends, c'est pour tes étrennes, achète-toi quelque chose qui te fait plaisir. »

Après le départ de la grand-mère, Jin Ling donna d'elle-même l'argent à sa mère. Huizi l'utilisa pour acheter une pile de livres de révisions : des manuels de tests de maths, les exercices de chinois et de maths des cent meilleures écoles primaires du pays, des compilations de problèmes trois étoiles, des programmes de révisions d'anglais pour débutants, etc.

Jin Ling n'était absolument pas impressionnée par l'amas d'ouvrages ; elle les feuilleta avec beaucoup de sang-froid. Elle pensait : Même sans ces livres, ma mère ne me ficherait pas la paix ; et puis même s'il y en avait davantage, de toute façon les journées ne sont pas extensibles. Aussi ne fit-elle aucun commentaire.

L'école avait donné trois épais cahiers d'exercices à faire pendant les vacances d'hiver : le premier pour le chinois, le deuxième pour les maths et le dernier pour l'anglais. Il fallait en plus tenir un journal de vacances, et faire tous les jours une page entière de calligraphie. En ajoutant la pile de livres que sa mère avait achetés, Jin Ling était littéralement noyée dans un océan d'exercices. Tous les jours, elle se levait très tôt et, après avoir bu un bol de lait et mangé une brioche salée cuite à la vapeur ou des raviolis, elle se mettait au travail. Que les exercices soient bien faits ou non n'avait aucune importance pour elle, l'essentiel était d'avancer, car sa mère n'avait pas le temps de les vérifier un à un : elle se contentait de jeter un coup d'œil aux manuels, comptait les pages que Jin Ling avait faites, puis avec un grognement d'approbation l'autorisait à regarder une demi-heure de dessins animés à la télé.

« Tu n'as aucune raison de te plaindre, dit Huizi à Jin Ling, car je fais attention à ne pas te surcharger de travail. Le petit Wenfeng qui habite à l'étage au-dessus a le même âge que toi ; en plus de ses devoirs, il suit des cours de piano et de dessin. Malgré cela, il a de bons résultats scolaires, il ne donne aucun tracas à ses parents. Si on pouvait choisir son enfant, j'aurais nettement préféré un enfant modèle comme Wenfeng. »

Jin Ling était assise, tête basse, à son bureau. Ses yeux étaient déjà pleins de larmes, mais sa mère ne se rendait compte de rien, elle continuait sur sa lancée et énumérait tous les enfants qu'elle trouvait intelligents. Apparemment, elle avait oublié la raison pour laquelle Jin Ling avait raté ses examens.

Tout d'un coup, Jin Ling n'entendit plus la voix de sa mère. Etonnée du calme inhabituel qui régnait, elle se leva, alla à la porte de la cuisine, et jeta un coup d'œil à l'intérieur de la pièce. Sa mère, penchée au-dessus de la cuisinière, regardait fixement quelque chose. En apercevant Jin Ling, elle l'appela : « Jin Ling, viens vite voir, qu'est-ce que c'est que ça ? »

Jin Ling s'approcha avec curiosité, et découvrit sur la cuisinière quelque chose qui ressemblait à un grand grain de riz noir. Elle s'approcha de plus près pour sentir, toucha la chose de la main, et s'écria : « Mais c'est une crotte de souris ! »

Huizi frappa dans ses mains : « Oh ! là, là ! c'est vraiment ça ! Comment une crotte de souris a-t-elle pu arriver là, ça voudrait dire qu'il y a des souris chez nous ? »

Huizi était dans tous ses états, comme si un ennemi redoutable venait d'apparaître. Elle se mit à vider toutes les étagères de la cuisine, à la recherche de traces de souris. Elle trouva effectivement un sachet de farine de riz déchiré par des souris et une pomme de terre qui portait des marques de dents.

Huizi se précipita dans le bureau de Jin Yiming pour le prévenir : « Catastrophe ! C'est la catastrophe ! Nous sommes envahis par les souris ! »

Huizi et Jin Yiming passèrent à l'offensive, fouillèrent tous les coins et recoins de la maison, à la recherche de trous de souris. L'immeuble était en béton : Huizi se demandait depuis quand les souris savaient creuser le béton.

Leurs recherches restèrent vaines. Jin Yiming souleva même leur lit, sans trouver la moindre trace de souris. Pour la nuit, Huizi entreposa toutes leurs victuailles dans le réfrigérateur, pour dissuader les souris de chercher à manger chez eux.

Le lendemain, Huizi se leva la première. En ouvrant la porte de la chambre, elle s'écria d'une voix stridente : « Oh ! là, là ! catastrophe ! »

Jin Yiming et Jin Ling se ruèrent hors de leur lit. Ils n'en crurent pas leurs yeux : pendant la nuit, les souris s'étaient attaquées aux livres de Jin Ling empilés sur la table de la salle à manger. Des bouts de papier jonchaient le sol, comme s'il avait neigé à l'intérieur de la maison. Huizi, le regard vide, bredouillait, morte de peur : « Elles se sont vengées ! Elles se sont vengées ! »

Jin Yiming s'élança à toutes jambes vers son bureau. Il y jeta un coup d'œil avant d'en ressortir en riant : « Tout va bien, tout va bien ! Elles ne se sont pas attaquées à mes affaires, elles savent faire preuve de discernement.

— Mais elles ont complètement détruit les livres de Jin Ling ! cria Huizi. Comme si ses livres n'étaient pas plus importants que tes recherches... »

Jin Yiming eut un geste d'étonnement : « Comment peux-tu faire ce genre de comparaison ? Ce n'est pas comparable...

— Pourquoi ne serait-ce pas comparable ? dit Huizi. De toute façon, tu es professeur adjoint, que tu étudies un peu plus ou un peu moins, ça ne changera pas grand-chose. Jin Ling, ce n'est pas pareil. L'année prochaine, elle passe l'examen d'entrée au collège ! Ses livres sont en miettes, qu'est-ce qu'elle va faire ? »

Jin Ling restait là sans rien dire, à regarder sa mère affligée par la perte des livres de révisions. Soudain, une lueur d'espoir s'alluma dans son cœur : elle allait avoir un peu moins de devoirs à faire ! Ces souris étaient formidables, elles la comprenaient et étaient venues à son secours, pour la soutenir. Si ça se trouvait, elles étaient comme ces souris de dessins animés, qui aidaient spécialement les enfants.

Jin Ling passa une matinée très détendue, car elle n'avait aucun devoir à faire. Elle joua d'abord avec de la pâte à modeler. Avec de la pâte rouge, elle fit une poupée, et avec de la verte, une souris. La petite souris grimpa sur l'épaule de la poupée : ses yeux noirs et brillants grands ouverts, les fins poils de sa courte moustache recourbés, elle regardait d'un air espiègle. Jin Ling posa la poupée et la souris sur son bureau, et alluma la télé. Coup de chance, il y avait justement un film de kung-fu avec Jacky Chan. Jacky Chan était son acteur préféré, ses combats étaient tellement drôles ! Jin Ling éclata plusieurs fois de rire pendant le film. Ensuite, en changeant de chaîne, elle tomba sur un film comique, de Hong-Kong également. Jin Ling était folle de joie. Elle ne vit pas passer la matinée.

Elle n'avait même pas eu le temps de changer encore une fois de chaîne qu'on sonna à la porte. Jin Ling devina qu'il s'agissait de sa mère. Elle éteignit vite la télévision et se leva. Huizi déposa toutes sortes de paquets sur la table, en regardant sa fille du coin de l'œil : « Inutile de faire semblant ! Je sais très bien que tu regardais la télévision. Tes livres sont détruits, mais toi, ça ne te fait aucun effet…

— Je ne suis pas grand maître de *qigong*, je ne peux pas recoller des feuilles de papier en miettes et leur redonner leur apparence initiale », marmonna Jin Ling.

Huizi renversa le contenu d'un sac sur la table, c'était une pile de nouveaux livres de révisions. Jin Ling regarda, yeux écarquillés et bouche bée, sans rien dire. Elle avait l'impression que les devoirs la laissaient maintenant insensible, peu importait combien il y en avait, elle devait les faire, en faire sans arrêt, même s'il fallait que mort s'ensuive !

Un autre sac, également renversé sur la table, contenait une tapette à souris et un paquet de mort-aux-rats avec une tête de mort sur l'emballage. Jin Ling étendit la main mais Huizi s'écria : « Ne touche à rien ! » Jin Ling, effrayée, retira rapidement sa main.

Ensuite, tel un magicien, Huizi sortit d'un troisième sac une boîte à chaussures qui contenait, ô surprise, un chat à longs poils blancs ! Jin Ling, stupéfaite, s'exclama : « Un chat mort !

— Mais non ! Je lui ai donné un demi-cachet de calmant. »

Jin Ling, surprise et joyeuse, s'exclama : « J'ai le droit d'avoir un chat ?

— Tu es déjà débordée par tes études, je ne vois pas comment tu aurais le temps de t'occuper d'un chat, répondit Huizi. C'est le chat d'une collègue de travail, je le lui ai emprunté pour chasser les souris, en promettant de le rendre dans trois jours. »

Jin Ling se sentit soudain très déprimée. Elle sonda sa mère : « Tu veux vraiment exterminer ces souris ?

— Tu voudrais peut-être qu'on élève des souris plutôt qu'un chat ? » lui répondit sa mère, interloquée.

Jin Ling ne dit rien, elle taquina du doigt le chat inconscient dans la boîte à chaussures. Elle trouvait d'un coup que son pelage n'était pas vraiment blanc, que son visage était dégoûtant – les coins de ses yeux étaient même collés par de la saleté –, et que ses oreilles pendantes lui donnaient un air répugnant.

Après le déjeuner, le chat se réveilla. Il s'aperçut tout de suite qu'il n'était pas chez lui et commença à opposer une résistance opiniâtre. D'abord, il se mit à pousser des cris stridents et désespérés ; puis, tous ses poils dressés, il se jeta toutes griffes dehors sur la porte d'entrée qu'il avait repérée immédiatement. Le bruit de ses griffes qui laceraient la porte était proprement insupportable. Pour finir, désespéré, il sauta sur le rebord de la fenêtre, fit tomber un pot de fleurs, puis s'élança sur le bureau de Jin Ling, où il renversa une bouteille d'encre bleue. Heureusement, il ne restait qu'un épais fond d'encre, ce qui limita les dégâts.

Huizi poursuivait le chat à travers la pièce, elle voulait l'attraper pour le ligoter avec une corde. Mais pas moyen de le saisir, il était vraiment agile : sautant et bondissant, il finissait toujours par lui échapper. Ses yeux écarquillés, sa queue dressée lui donnaient l'air féroce d'un tigre : plusieurs fois, Huizi, sur le point de l'attraper, retira la main, effrayée. Elle cria : « Jin Ling, Jin Ling, ne reste pas là à rien faire !

— J'ai l'impression que ce chat est nul, dit Jin Ling. S'il a peur des gens à en attraper la colique, en voyant une souris il s'évanouira de terreur à coup sûr.

— Qu'est-ce que tu as ? Tu n'aimes plus les chats ?

— Qui a dit que j'aimais les chats ? rétorqua Jin Ling. Pourquoi n'aimerais-je pas plutôt les souris ?

— C'est à n'y rien comprendre ! » marmonna Huizi.

Au bout d'un moment, Jin Ling en eut assez de regarder sa mère s'essouffler à courir après le chat, et elle alla mollement l'aider. A elles deux, elles poursuivirent le chat, lui barrèrent le chemin, l'encerclèrent, puis le maîtrisèrent sur le canapé, lui appuyant l'une sur la tête, l'autre sur l'arrière-train. Huizi s'activa pour lui passer une ficelle autour du cou, et l'attacha dans la cuisine.

En reprenant son souffle, Huizi annonça triomphalement : « Grâce à la présence de ce chat, on est tranquilles, il est tellement effrayant que les souris vont forcément s'enfuir. »

Jin Ling, qui avait envie de contredire sa mère, rétorqua : « Si tu es tellement sûre que les souris vont partir, pourquoi as-tu acheté une tapette et du poison ?

— C'est vrai, comment n'y ai-je pas pensé ? » s'exclama sa mère.

Après avoir longuement pesé le pour et le contre, Huizi décida que le chat allait rester un moment, qu'elle aviserait plus tard. Les souris d'aujourd'hui étaient sûrement rusées, savaient très bien se défendre, il n'était pas évident que la tapette et le poison soient efficaces, garder le chat blanc à la maison paraissait plus sûr.

Une fois attaché dans la cuisine, le chat se mit à pousser des cris de plus en plus stridents, jetant Jin Ling dans une grande confusion : elle refit cinq fois un calcul qui nécessitait les quatre opérations, et cinq fois elle trouva un résultat différent. Hors d'elle, elle se précipita dans la cuisine en hurlant : « Tu ne peux pas la fermer ? » Le chat s'arrêta immédiatement, ouvrit grand ses yeux tout verts et la fixa d'un regard plein de haine. Jin Ling tapa du pied sur le sol pour lui faire peur. Le chat s'aplatit, de sa gorge sortaient de petits cris plaintifs qui donnèrent des frissons à Jin Ling, c'était comme s'il pleurait ou riait ; elle retourna à toutes jambes dans sa chambre.

Jin Ling partie, le chat recommença à crier, alternant des hurlements et des miaulements plus faibles. Il finirait sans doute par se lasser, pensa Jin Ling. Ou il allait être obligé de boire une infusion pour s'éclaircir la voix, comme le professeur Xing.

Le soir, quand Jin Yiming rentra à la maison, à peine eut-il franchi la porte qu'il renifla en déclarant que quelque chose puait, comme du pâté de soja fermenté. Jin Ling sortit en courant de sa chambre pour dénoncer le coupable : « C'est le chat qui pisse et chie partout ! » En apprenant qu'il y avait un chat à la maison, Jin Yiming fut d'abord interloqué. Après avoir entendu les explications de Huizi, il fut content, car toute la journée il s'était fait du souci pour ses livres et ses travaux, craignant que les souris ne changent de menu et ne s'en prennent à ses trésors pour se défouler. Si jamais les souris s'attaquaient à son bureau, ce serait la catastrophe, il ne pourrait même plus assurer ses cours le semestre suivant.

Jin Ling regardait froidement ses parents se démener pour le chat, l'un avait fait bouillir du poisson qu'il mélangeait à du riz, l'autre descendait chercher des cendres pour nettoyer les besoins qu'il avait faits par terre ; elle ne put s'empêcher de ressentir une certaine rancœur. Elle retourna dans sa chambre, et sur une feuille traça plusieurs mots de la grosseur d'une balle de ping-pong : Test d'intelligence – Qui préférez-vous, les chats ou les souris ?

Quand Huizi eut fini de s'activer, elle alla se laver les mains. En se penchant au-dessus du lavabo, elle aperçut la feuille posée sur la machine à laver. Stupéfaite, elle s'exclama : « Comment peut-on se poser ce genre de question ? Qui peut-on bien préférer, des chats et des souris ? Bien évidemment les chats.

— Ça ne m'étonne pas que tu répondes cela, dit Jin Ling d'un ton acide.

— Ne me dis pas qu'on peut préférer les souris ! »

Jin Ling se mordilla les lèvres, et répondit à voix basse : « Moi je les préfère.

— Pourquoi ? interrogea Huizi en haussant le sourcil.

— Un idiot de chat, c'est paresseux et gourmand, à part attraper des souris, qu'est-ce qu'il sait faire d'autre ? De quel droit martyrise-t-il les souris ? Ils sont de rang égal dans la nature : toute créature vivante, même la plus faible, a le droit d'exister. Un chat n'est pas plus noble qu'une souris, une souris n'est pas plus méprisable qu'un chat. Si les gens préfèrent les chats aux souris, c'est parce qu'il sont plus obéissants, qu'ils sont plus jolis que les souris. »

Huizi trouvait ces arguments ridicules ; elle répondit : « Les souris volent les provisions des humains. »

Jin Ling rétorqua vertement : « Comme si une souris mangeait plus qu'un chat. Une souris, c'est si petit, elle n'a pas besoin de grand-chose, un dixième de ce que mange un chat lui suffit. Pourquoi les hommes ne laissent-ils pas les souris vivre en paix ? Ils ont des chats pour les attraper, mais aussi des tapettes pour les tuer, des produits pour les empoisonner, ils les brûlent, les noient, les frappent avec des pierres… Les souris sont trop à plaindre, les animaux que personne n'aime sont vraiment maltraités ! »

Huizi posa la main sur le front de Jin Ling : « Tu as de la fièvre ? Tu délires ? »

Jin Ling s'écarta brusquement pour se débarrasser de la main de sa mère et, le visage baigné de larmes, s'écria : « Parce que moi je suis une pauvre souris, et que Wenfeng qui habite au-dessus de nous, ou les bons élèves de ma classe, Hu Mei, Liu Yaru, Ni Zhiwei..., sont comme ces chats que tout le monde aime ! »

Huizi resta abasourdie. Ces paroles d'une enfant de onze ans recélaient une telle tristesse et un ressentiment si profond qu'elle en était ébranlée. Huizi découvrait que sa fille était pleine d'amertume. Pendant des années, Jin Ling avait eu l'impression de mener une vie insipide, de ne pas être estimée à sa juste valeur, de ne pas être appréciée, et cela l'avait profondément blessée. Peut-être avait-elle fait beaucoup d'efforts, mais en raison de son âge, de son caractère, de ses capacités, elle ne pouvait pas faire mieux. Même si elle le masquait derrière sa gaieté, elle était en réalité très sensible au jugement et à l'attitude d'autrui, espérait l'affection et l'estime de ses parents.

Huizi s'accroupit et enlaça sa fille par la taille, elle leva son visage vers elle pour la regarder : « Tu as raison, les souris aussi sont mignonnes, elles ont des yeux pleins d'innocence et des petites oreilles tellement amusantes ! Et leur pelage de cette belle couleur grise doit être très agréable à caresser. »

Jin Ling demanda à travers ses larmes : « Si tu avais pu choisir, tu aurais vraiment préféré Wenfeng à moi ?

— Bien sûr que non ! répondit Huizi d'un ton assuré. Des enfants qui ont de bons résultats scolaires, il y en a des milliers sur terre, mais il n'y a qu'une Jin Ling au monde, c'est ma fille, ma petite fille adorée ! »

Jin Ling colla son visage plein de larmes contre celui de sa mère, et la serra très fort entre ses bras, un long moment.

Le lendemain, Huizi administra de nouveau un demi-cachet de calmant au chat attaché dans la cuisine, qui retourna chez lui sans avoir rien compris. Evidemment, Huizi n'utilisa pas la tapette et le poison. Le plus bizarre était que les souris ne leur firent plus l'honneur d'une visite, comme si elles avaient entendu les paroles de Jin Ling ce soir-là, cachées dans le noir, et qu'elles ne voulaient pas nuire à cette petite fille qui éprouvait de la compassion et de la tendresse pour elles.

Le grand poisson de papa

Les vacances d'hiver s'écoulèrent au milieu des piles de livres et de cahiers d'exercices. Jin Ling sortait quelquefois acheter de la sauce de soja ou d'autres petites choses pour sa mère ; quand elle rencontrait des camarades dans la rue, elle se rendait compte que tout le monde était logé à la même enseigne, que personne ne passait des vacances agréables.

Jin Yiming partit en déplacement pour son travail. Une entreprise d'un bourg au nord de la province du Jiangsu, qui avait des problèmes de production, était spécialement venue à l'université solliciter l'aide du spécialiste Jin Yiming. Huizi était mécontente, elle se plaignait que même à l'approche du Nouvel An chinois, il ne restât pas à la maison ; il avait promis d'aider Jin Ling à réviser ses maths pendant les vacances, mais jusque-là, quand il n'avait pas participé à des réunions de son groupe de travail, il avait discuté avec des étudiants de leurs recherches, et maintenant il voulait partir en déplacement au nord du Jiangsu, alors qu'il avait à peine ouvert les livres de maths de Jin Ling.

Celle-ci était plutôt contente. Les maths de fin d'école primaire donnaient du fil à retordre à une diplômée en lettres comme Huizi. Elle arrivait à s'en sortir pour les exercices de calcul en s'aidant d'une calculatrice, mais pour les problèmes, elle avait plus de mal. Aux questions subsidiaires difficiles ou aux exercices de réflexion, elle comprenait encore moins que Jin Ling. Aussi, quand son père fut parti, comme plus personne n'était capable de la corriger, Jin Ling put souffler un peu.

Il n'y avait pas de vacances d'hiver au magazine où travaillait Huizi. Elle n'allait être en congé qu'à la veille du Nouvel An chinois ; mais comme elle n'avait pas grand-chose à faire à son bureau, sa présence était purement symbolique. Aussi, de peur que sa mère ne rentre du travail plus tôt que prévu,

Jin Ling qui était seule à la maison n'osait pas allumer la télé. Sa mère avait de véritables dons de détective : quand elle rentrait, elle allait souvent toucher le dos de la télévision ; s'il était chaud, elle savait que Jin Ling avait regardé la télé et qu'elle l'avait éteinte au moment où elle arrivait. Jin Ling en voulait aux fabricants de téléviseurs : ils étaient trop bêtes, ils n'avaient absolument pas pris en considération la masse des enfants chinois. Il aurait suffi de quelques toutes petites améliorations techniques, ajouter une sorte de ventilateur miniature par exemple, pour permettre à beaucoup d'enfants de regarder la télé en cachette, impunément.

Mais bien sûr, il y avait quand même des journées agréables. Elles survenaient généralement quand Jin Ling s'y attendait le moins.

Un après-midi, sa mère déjà revenue du travail rangeait les victuailles offertes par le magazine pour le Nouvel An chinois. Elle les avait triées, en avait mis une partie à sécher sur la terrasse, en avait entreposé d'autres dans le réfrigérateur ; d'autres encore devaient être immédiatement mises à cuire après avoir été nettoyées. Tous les ans, avant la Fête du Printemps, le réfrigérateur plein à craquer était sur le point de lâcher ; chaque fois, sa mère était décidée à en acheter un neuf, plus grand et plus moderne. Mais la Fête du Printemps passée, le réfrigérateur commençait à se vider, tous ses stocks fondaient, et il restait dans cet état jusqu'à l'année suivante. La résolution de sa mère fléchissait, elle ne parlait plus de le changer.

Ce jour-là, l'unité de travail avait offert aux employés des sabres congelés ; ces poissons argentés très longs et fins étaient, de tous, ceux que Jin Ling aimait le moins, surtout quand ils avaient été congelés, surtout quand ils avaient été donnés par l'unité de travail pour le Nouvel An, car ils n'étaient vraiment pas frais. Quand sa mère, après les avoir nettoyés et coupés en morceaux, les jetait dans l'huile, toute la maison était remplie d'une épouvantable odeur de poisson. Le pire était qu'à ce moment-là, quand on se promenait dans le quartier, la même odeur entêtante s'exhalait de toutes les cuisines.

Sa mère, vêtue d'un tablier, les mains mouillées et toutes luisantes de saleté argentée, appela Jin Ling : « Verse-moi vite un peu d'eau chaude ! »

Jin Ling posa son porte-mine et se précipita à la cuisine. En se bouchant le nez, elle souleva la bouteille Thermos. Huizi dit : « Ce n'est pas la peine de prendre ces airs de princesse, quand j'aurai fait frire le poisson et qu'il sera prêt, tu en mangera plus que quiconque. »

Jin Ling eut un peu honte et relâcha son nez.

Elle ouvrit la bouteille Thermos et versa de l'eau bouillante dans la cuvette qui contenait le poisson. Huizi cria : « Pas sur le poisson ! » Mais c'était trop tard, l'eau bouillante avait déjà abîmé le poisson, fait éclater une partie des chairs.

Sa mère entama le refrain traditionnel : « Tu es vraiment une incapable. Moi, quand j'avais ton âge… »

Sa mère allait expliquer tout ce qu'elle savait faire quand elle était petite, combien elle était éveillée et adroite. Jin Ling n'avait pas envie d'écouter. Ce n'était pas que Jin Ling manquait de vivacité ou d'adresse, mais elle n'avait jamais l'occasion de s'adonner à toutes ces activités que les petites filles aiment bien. Chaque fois que Jin Ling proposait à sa mère de l'aider pour les tâches ménagères, celle-ci répondait invariablement : « Ne t'occupe pas de ça, ta première mission est d'étudier, si tu as de bonnes notes, ta mission est accomplie. » Maussade, Jin Ling se dirigea vers sa chambre.

Au moment où sa mère entamait sa litanie, la sonnette de la porte d'entrée retentit. Cela tombait à pic. Jin Ling courut vers la porte. Sa mère cria derrière elle : « Regarde d'abord qui c'est ! N'ouvre pas à quelqu'un que tu ne connais pas ! »

Quand elle ouvrit, Jin Ling resta stupéfaite : debout devant la porte, il y avait non pas quelqu'un qu'elle connaissait, ou quelqu'un qu'elle ne connaissait pas, mais un poisson plus grand qu'elle, tout argenté ! Son corps était plus épais que les cuisses de son père, sa tête était aussi grosse qu'une brioche, sa queue en forme d'éventail traînait par terre. Chacune de ses écailles était aussi grosse qu'une soucoupe, et ses yeux de la taille d'un poing de bébé étaient tout dorés, avec des bords roses. Le poisson fixait Jin Ling avec ses yeux brillants et pleins d'espoir, comme s'il était plongé dans de profondes réflexions.

La mère de Jin Ling demanda de la cuisine : « C'est qui ? Qui est là ? »

Jin Ling ouvrit la bouche mais ne sut que répondre. Elle ne pouvait quand même pas dire : Un grand poisson.

Comme Jin Ling se taisait, sa mère sortit de la cuisine en secouant ses mains mouillées. On disait qu'avant le Nouvel An, de nombreux criminels étaient en vadrouille et que les cambriolages étaient particulièrement fréquents ; elle était seule à la maison avec Jin Ling, elles devaient redoubler de prudence.

Quand Huizi vit le grand poisson devant la porte, elle resta également stupéfaite. Elle tourna la tête, et demanda en bredouillant à Jin Ling : « C'est… c'est… quel jour sommes-nous ? »

En réalité, elle avait voulu dire : Est-ce qu'on est le 1er avril ? Qui peut bien se livrer à ce genre de plaisanterie ?

A ce moment-là, une voix caverneuse retentit derrière le poisson : « C'est bien ici qu'habite le professeur Jin Yiming ? »

Huizi, affolée, acquiesça : « Oui, oui !

— Ah ! on ne s'est pas trompés. »

Le poisson se mit de côté, laissant apparaître deux jeunes hommes en sueur : ils avaient ouvert leur veste matelassée, et des mèches de cheveux humides étaient collées sur leur front. Ils avaient porté ce poisson plus grand que Jin Ling sur leurs épaules, accroché à un bâton de l'épaisseur d'un bras. Sans doute parce qu'ils étaient épuisés, ils n'attendirent pas que Huizi les invite à entrer dans l'appartement. Le poisson sur les épaules, ils se précipitèrent directement dans la cuisine, mais en s'apercevant qu'ils ne pouvaient pas déposer la gigantesque créature dans un si petit espace, ils se rendirent dans la salle de bains où ils décidèrent de se débarrasser de leur fardeau. Ils déposèrent le poisson dans la baignoire. Comme celle-ci n'était pas assez grande, ils eurent du mal à y caser le poisson : sa tête et sa queue, dressées en l'air, dépassaient.

Affolée, Huizi les avait suivis, d'abord dans la cuisine, puis dans la salle de bains, en bredouillant toujours : « C'est… c'est… Vous… nous… »

L'un des deux jeunes hommes, qui portait un pull rouge foncé, écarta une mèche de cheveux humides sur son front, et dit en riant : « Ce poisson est un cadeau de Nouvel An pour le professeur Jin. »

Huizi était toujours décontenancée : « Mais qui êtes-vous… ?

— Ne vous en faites pas, le professeur Jin nous connaît bien, il vous expliquera. »

Huizi n'était pas pleinement rassurée : « Je ne peux pas accepter un si grand poisson. Il doit valoir des centaines de yuans… »

Le jeune homme se mit à rire : « A la campagne, c'est gratuit. On a pêché ce poisson dans notre bassin. L'année dernière, le professeur Jin est venu chez nous avec des élèves à lui, il a aidé notre entreprise à résoudre d'importants problèmes. C'est la moindre des choses que nous lui offrions un poisson. »

A ces mots, Huizi fut entièrement rassurée ; elle s'essuya les mains à son tablier pour préparer du thé et demanda à Jin Ling d'apporter des fruits secs et des confiseries préparés pour le Nouvel An. Mais les deux jeunes hommes refusèrent de rester. Ils expliquèrent qu'une voiture les attendait en bas de l'immeuble, qu'ils devaient être de retour au village dans la journée, et ils partirent avec le gros bâton qui avait servi à porter le poisson.

A peine furent-ils sortis que Jin Ling fit un bond de joie en hurlant : « Vive papa ! Ce poisson est énorme, c'est le roi des poissons ! » Elle courut dans la salle de bains, donna de petites tapes sur le corps ferme du poisson, toucha légèrement du doigt ses yeux, puis essaya de glisser son poing dans la bouche, elle était excitée comme tout. Elle était sûre que c'était le plus gros poisson de la ville, que personne n'avait eu en cadeau un poisson aussi gros, même les familles de Zhang Lingling ou de Yu Pang. A la rentrée, elle le raconterait à toute la classe ; enfin, elle aussi avait quelque chose d'extraordinaire à raconter.

Voyant la joie de Jin Ling, Huizi ne perdit pas l'occasion de lui faire la leçon : « Tu vois ? Les connaissances et la culture sont également utiles, on offre des cadeaux aux cadres dirigeants, mais ton père, grâce à son savoir, est aussi reconnu. Dans le monde…

— Comment vas-tu faire pour cuire ce poisson ? » l'interrompit Jin Ling.

Sa question fit mouche. Sa mère s'arrêta de parler et réfléchit à la meilleure façon de s'y prendre avec ce poisson. Elle estimait qu'il devait faire entre trente et trente-cinq kilos. A eux trois, ils n'arriveraient pas à le manger en entier pendant les fêtes du Nouvel An. Pour le stocker, il aurait fallu un réfrigérateur énorme, comme ceux des entrepôts frigorifiques. Il n'y avait qu'un seul moyen : le disséquer. Une fois en morceaux, elle en offrirait à la famille et aux amis ; le reste, ils le mangeraient petit à petit.

Huizi prit le couteau le plus coupant à la cuisine et, ainsi armée, debout à côté de la baignoire, elle réfléchit longtemps à la meilleure manière de procéder. Elle décida d'attaquer le poisson par le cou en lui coupant d'abord la tête.

Jin Ling pensait qu'il était heureux que le poisson soit déjà mort, sinon il aurait souffert quand on lui coupait la tête, et elle aussi ; lui aurait souffert physiquement, mais elle moralement.

Mais quand Huizi essaya de couper le cou, elle s'aperçut qu'elle avait mal évalué le problème, les écailles du poisson étaient bien plus résistantes que prévu. De l'épaisseur d'une pièce de monnaie, elles étaient presque plus dures que le métal : la lame du couteau glissait sur elles sans les entamer, elle réussit tout juste à les rayer d'une légère trace blanche. Huizi s'escrima un long moment, en vain : la lame du couteau n'entra pas d'un millimètre dans la chair. Jin Ling offrit ses services : « Laisse-moi essayer ! »

Bien sûr, malgré ses prétentions, Jin Ling eut beau se démener jusqu'à être en nage, le poisson resta impassible.

« Les gens qui nous ont offert ce poisson auraient pu prévoir cela, dit Huizi. J'aurais préféré quelques poissons plus petits à la place. »

Jin Ling eut une idée : « Dans le journal, une publicité conseillait de faire le 110 en cas de problème, c'est la police. On n'a qu'à faire le 110.

— Appeler la police pour nous aider à venir à bout d'un poisson ? C'est ridicule ! » répondit Huizi.

Mais la suggestion de Jin Ling lui rappela que sa belle-mère avait une hache pour découper des carcasses de porc. Elle se lava vite les mains et téléphona à la grand-mère pour l'appeler à l'aide. Celle-ci n'habitait pas très loin : dix minutes ne s'étaient pas écoulées après que Huizi eut reposé le combiné que la grand-mère arriva, essoufflée, armée de sa hache.

« C'est drôle, dit-elle, dans la rue on m'a demandé plusieurs fois pourquoi j'avais une hache à la main, certains pensaient qu'il y avait des cambrioleurs chez moi ! »

La grand-mère, malgré son âge, avait beaucoup de force et elle était plus expérimentée que Huizi ; de plus, comme sa hache était très bien affûtée, les choses devinrent plus faciles. Avec un tournevis, elle souleva et enleva d'abord une à une les grandes écailles, ensuite elle leva la hache et fendit le poisson jusqu'à l'arête dorsale ; enfin, avec doigté, elle trouva l'articulation et décapita le monstre.

Quand la tête et le corps du poisson se séparèrent, un liquide visqueux s'écoula, exhalant une forte odeur de vase. La puanteur, suffocante, fit éternuer Jin Ling. Ensuite elle vit avec horreur sortir doucement, en même temps que le liquide, des œufs jaunes, de la graisse blanche, les intestins de toutes les couleurs, le cœur et le foie roses. Prise de nausée, elle se précipita hors de la salle de bains. Mais une fois assise à l'extérieur, elle pensa que ce serait mieux de regarder, dommage de rater ça. Debout à la porte, en se bouchant le nez et en respirant par la bouche, elle plissa les yeux pour suivre à distance le déroulement des opérations.

Huizi et la grand-mère conjuguèrent leurs efforts, tranchèrent et coupèrent, et finalement le gros poisson fut débité en morceaux. Les murs, la chasse d'eau des toilettes, tout était maculé d'un liquide visqueux. La grand-mère et Huizi, les mains couvertes du sang rose du poisson, étaient tellement fatiguées qu'elles n'avaient même plus la force de tourner un robinet pour laver la salle de bains. La grand-mère se laissa lourdement tomber sur le couvercle des toilettes et déclara qu'il lui fallait souffler un peu avant de nettoyer le champ de bataille. Huizi, gênée, dit : « Va te reposer dehors, je m'en occupe. Si quelqu'un entrait chez nous à l'improviste, il pourrait croire qu'on a commis un assassinat ! »

La grand-mère alla se laver les mains à la cuisine et, essoufflée, s'assit sur une chaise. Huizi s'affairait dans la salle de bains ; elle lava le sol à grande eau, puis passa la serpillière. Mais l'odeur de vase subsistait. Elle prit alors une bassine d'eau dans laquelle elle versa un produit ménager et, accroupie, entreprit de frotter tous les joints du carrelage par terre. Quand elle eut fini, elle jeta un regard à la baignoire dans laquelle étaient entassés, à ras bords, les morceaux de poisson : la chair blanche, protubérante, était parsemée de fins vaisseaux de sang rose ; c'était un peu écœurant, on n'avait pas envie d'en manger.

Découragée, Huizi dit : « Oh ! là, là ! qu'est-ce qu'on va faire de tout ce poisson ? »

La grand-mère fut catégorique :« L'offrir ! Un morceau à chaque voisin. Et téléphone aussi à la tante de Jin Ling pour qu'elle vienne en prendre. Le reste, tu le mets au frigo. Et ce qui n'y rentrera pas, je le rapporterai chez moi et le mettrai en saumure. »

La grand-mère ressemblait à un général, quand elle décidait de prendre les choses en main, elle avait toujours une allure un peu martiale.

Jin Ling s'anima ; elle se porta volontaire pour remplir la mission qui consistait à offrir du poisson aux voisins. Evidemment, elle escomptait des exclamations d'étonnement et des compliments. Porte après porte, elle expliquait avec un sourire : « C'est le grand poisson de papa. »

Cette nuit-là, Jin Ling rêva qu'il y avait sur elle une énorme baleine, au corps complètement glacé et à l'haleine fétide. La baleine l'écrasait tellement qu'elle n'arrivait plus à bouger, qu'elle ne pouvait plus respirer. Terrorisée, elle essaya d'appeler sa mère, mais sa gorge était également comprimée, elle n'arrivait pas à sortir un son. Elle se réveilla d'un coup, tout en sueur, ce n'était qu'un rêve, elle s'était endormie une main posée sur la poitrine.

Durant toute la période du Nouvel An et les jours qui suivirent, la maison fut pleine d'odeurs de poisson. De poisson cuit dans la sauce de soja, de poisson frit, de boulettes et de galettes de poisson haché, de poisson aigre-doux, de poisson à la sauce de haricots noirs, de poisson aux légumes en saumure, de soupe et de pot-au-feu de poisson… Jin Ling mangea du poisson jusqu'à l'écœurement. Huizi n'acheta plus de poisson jusqu'à la période des examens : « Ça me soulève le cœur », disait-elle.

Jin Ling tira une leçon de cette histoire : mieux vaut garder une part de rêve que voir tous ses désirs accomplis.

Le prix de rédaction

A la fin des vacances d'hiver, le jour de la rentrée, Jin Ling s'empressa de raconter l'histoire du grand poisson à sa meilleure amie, Yang Xiaoli.

Avec un clignement de ses longs yeux en amande, Yang Xiaoli dit soudain : « Mais ton père n'est pas professeur ? »

Jin Ling ne comprenait pas où elle voulait en venir : « Si, répondit-elle.

— Alors tu mens, décréta Yang Xiaoli.

— Menteuse toi-même ! cria Jin Ling, folle de colère

— Personne n'offrirait un si gros poisson à un professeur. En face de chez nous, habite un chef de bureau, on lui a offert plein de poissons pour le Nouvel An qu'il a mis à sécher sur son balcon, le plus gros n'était pas plus long que ça », dit Yang Xiaoli en indiquant une longueur avec ses mains.

Jin Ling eut un reniflement méprisant, Yang Xiaoli était vraiment trop conformiste, elle ne considérait comme importants que les cadres, ne savait pas que l'on pouvait aussi être reconnu pour son savoir. Jin Ling se dit qu'elle allait réfléchir si elle allait continuer à être l'amie de Yang Xiaoli durant ce semestre.

Jin Ling raconta également l'histoire à d'autres camarades. Mais personne ne la crut, tous la traitèrent de menteuse. Shang Hai dit même : « Tu es sûre que tu ne multiplies pas la longueur du poisson par deux ? »

Jin Ling était hors d'elle. Courbée sous le poids de son cartable contenant les nouveaux manuels distribués pour le semestre, elle rentrait à la maison, les dents serrées, remplie de haine pour ses camarades qui n'avaient d'yeux que pour les gens puissants et qui méprisaient son père parce qu'il était professeur.

Comme tous les jours de rentrée, sa mère avait pris une demi-journée de congé. Elle avait découpé les grandes feuilles du calendrier de l'année précédente et attendait Jin Ling à la maison pour couvrir ses nouveaux livres avec. Les livres et les cahiers étaient tellement nombreux que les couvrir tous représentait une tâche monumentale ; Huizi en ressortait chaque fois exténuée.

Quand Jin Ling arriva à la maison, sa mère la déchargea de son lourd cartable en s'exclamant : « C'est terrible ! Tant de livres !

— Et encore, on ne nous en a distribué que la moitié aujourd'hui ! »

Huizi fit le compte. Il y avait douze manuels, trois ouvrages de référence complémentaires, trois livres de travaux pratiques, deux livres de travaux pratiques supplémentaires, un cahier de partitions pour flûte, un livre pour le dessin, un cahier de calligraphie, un cahier d'écriture au stylo à plume, quelques feuilles de papier calque, cinq cahiers d'exercices de chinois, cinq cahiers d'exercices de maths, deux cahiers d'exercices d'anglais. Huizi se dit que l'après-midi et la soirée ne suffiraient sans doute pas pour tous les couvrir. Et si le lendemain devaient arriver encore autant de livres, le papier du calendrier ne suffirait pas non plus, elle serait obligée de négocier avec ses collègues au travail pour obtenir quelques feuilles supplémentaires.

Assise à côté de sa mère, Jin Ling la regardait couvrir les ouvrages, lui passant les ciseaux ou le scotch. Huizi dit : « Ne reste pas là à rien faire, donne-moi un coup de main : sors un morceau de poisson du réfrigérateur pour qu'il décongèle. »

Si Huizi n'avait pas évoqué le poisson, cela aurait été, mais dès qu'elle en parla, Jin Ling sentit la colère la gagner à nouveau. Elle s'en prit à sa mère : « Avant de découper le poisson, pourquoi ne l'as-tu pas pris en photo ?

— C'est vrai, pourquoi n'y ai-je pas pensé ? approuva Huizi. On aurait eu une photo en souvenir.

— Pas un seul de mes camarades ne croit que papa a un si gros poisson.

— Ce n'est pas le poisson de ton père, corrigea Huizi. C'est un poisson qu'on lui a offert.

— Je ne vois pas la différence, s'écria Jin Ling. Si on l'a offert à papa, c'est à lui ! »

Huizi la regarda avec étonnement, elle ne comprenait pas pourquoi sa fille se montrait si susceptible au sujet du poisson. Jin Ling devenait de plus en plus difficile à comprendre.

Lors du premier cours de la rentrée, le professeur Xing donna le sujet de rédaction suivant : *Une personne de mon entourage.* Le professeur expliqua que c'était un sujet « semi-libre », on pouvait choisir son sujet dans un cadre délimité.

Jin Ling, qui en avait gros sur le cœur, empoigna immédiatement son stylo et traça les mots : *Mon père.* Penchée sur sa feuille, elle écrivait à toute allure. Shang Hai voulut savoir quel sujet elle avait choisi ; pour l'empêcher de regarder, Jin Ling cacha la feuille avec sa main et lui dit froidement : « Laisse-moi, je ne te dirai rien, tu n'as qu'à te débrouiller ! »

Quand la sonnerie de fin de cours retentit, Jin Ling n'avait pas fini. Le professeur Xing autorisa les élèves qui n'avaient pas terminé à finir leur rédaction à la maison. Aussi Huizi vit-elle ce que Jin Ling avait écrit.

Mon père

Ma mère travaille comme éditrice dans un magazine, elle accorde beaucoup de valeur au savoir, n'aime pas parler d'argent, et a beaucoup de préjugés contre les nouveaux riches. Mais justement, mon père qui s'est lancé dans les affaires à Shenzhen, près de Hong-Kong, est devenu en quelques années l'un de ces nouveaux riches que ma mère n'apprécie pas. Il porte des habits de marque, a un pager, un téléphone mobile, et des lunettes aux fines montures dorées. Il en impose vraiment : pas étonnant que les chauffeurs de taxi le prennent pour un grand patron et le traitent avec égards. Quand mon père est revenu de Shenzhen pour le Nouvel An, il a pris un taxi à l'aéroport pour rentrer à la maison. La course ne coûtait que vingt yuans, mais mon père a tendu au chauffeur un billet de cinquante yuans en lui disant de garder la monnaie. Je me suis exclamée : « Tu as vraiment beaucoup d'argent ! » Mon père m'a expliqué : « Il neige tellement, conduire un taxi par un temps pareil, et de plus la veille du Nouvel

An, c'est vraiment dur. » Il avait toujours une explication à tout. Ma mère le critiquait : « Depuis qu'il est riche, il ne pense qu'à l'argent ! » Ma grand-mère paternelle se faisait également du souci : « Quand on devient riche, on change... » J'étais intervenue : « Si papa gagne encore plus d'argent, la banque ne saura plus où le mettre, que ferons-nous à ce moment-là ? On devrait alors peut-être l'utiliser pour faire de bonnes actions ? »

Mais peu de temps après, un événement changea la vision que j'avais de mon père.

Tout commença lorsque l'unité de travail de ma mère entreprit de rassembler des fonds pour faire construire des logements. Ma mère désirait en acheter un, de surface respectable, à un bon étage, et demanda à mon père d'envoyer un mandat. Mais mon père laissait traîner les choses. Ma mère était très en colère, elle lui téléphona pour l'insulter, mais mon père garda sa bonne humeur.

Un jour, pendant les vacances d'hiver, alors que je faisais des devoirs à la maison, on sonna soudain à la porte. Je posai mon stylo et allai ouvrir la porte. Je restai stupéfaite : devant la porte se tenait un énorme poisson argenté. L'éclat du soleil et de la neige faisait ressortir chacune de ses écailles qui, de la taille d'une grande pièce de monnaie, reflétaient la lumière, resplendissantes, comme si elles étaient vivantes. Une voix inconnue s'éleva de derrière l'énorme poisson : « Excusez-moi, je suis bien chez monsieur Jin ? »

Ma mère sortit de la cuisine. En s'essuyant les mains à son tablier, elle invita les visiteurs à entrer. Les deux jeunes hommes qui portaient le poisson le déposèrent dans la baignoire. Après avoir essuyé leur front couvert de sueur, ils nous expliquèrent toute l'affaire. Ils venaient d'un village très pauvre, situé au bord d'un fleuve, qui s'était lancé récemment dans l'élevage de poissons. Mais c'était difficile, l'affaire perdait beaucoup d'argent. Les habitants firent alors appel à mon père qui, autrefois, avait été envoyé en rééducation dans ce village. Sans hésiter, mon père envoya deux cent mille yuans pour aider son village d'adoption à reprendre l'élevage de poissons. Peu de temps après, les affaires prospérèrent, aussi offraient-ils à mon père ce poisson géant.

En entendant leur récit, j'étais tout émue, je ressentais une incroyable fierté. Je pris la photo de mon père et l'embrassai, en murmurant : « Tu es vraiment super ! Tu es vraiment un bon père ! »

Le soir, ma mère téléphona à Shenzhen pour complimenter mon père. Il répondit : « C'est normal, je suis à Shenzhen, mais mon cœur est chez nous, je souhaite que notre région se métamorphose, que d'un coq, elle devienne un phénix doré, et déploie ses ailes ! »

Mon père est l'un des rares bons nouveaux riches, n'est-ce pas ? Après cette affaire, ma mère regarda mon père avec d'autres yeux, devint son alliée. J'ai un père riche et exceptionnel, il ne manque rien à mon bonheur.

Huizi repoussa le cahier qu'elle venait de lire vers Jin Ling et la regarda, très étonnée : « Ton père n'est jamais allé à Shenzhen, et n'est pas richissime. Deux cent mille yuans, on n'en a jamais vu le premier sou… »

Jin Ling répondit, décontractée : « C'est une rédaction.

— Mais même dans une rédaction, on ne peut pas écrire n'importe quoi ! dit Huizi.

— La littérature c'est de la fiction, tu le dis toi-même.

— La fiction, c'est pour les romans. Une rédaction doit être fondée sur du vécu.

— Ce n'est pas vrai ! En rédaction aussi, on a le droit d'inventer. »

Jin Ling était rouge d'énervement, son nez frémissait ; les mâchoires contractées, elle était décidée à défendre sa position jusqu'à la mort.

« Mais qu'est-ce que tu as ? » demanda Huizi.

Jin Ling serra encore davantage les dents, en respirant lourdement, et ne répondit pas.

Huizi n'y comprenait rien ; complètement dépassée, elle appela son mari qui était dans son bureau.

« Yiming, viens voir comment ta fille te décrit dans sa rédaction ! »

Jin Yiming, qui écoutait une cassette de langue étrangère, enleva le casque qu'il avait sur les oreilles et lut la rédaction de Jin Ling.

« Pas mal, dit Jin Yiming, souriant, pas mal du tout. Si j'étais réellement riche et si je faisais d'aussi bonnes actions, je mériterais vraiment les compliments. »

Huizi lui jeta un regard noir : « Sois sérieux ! Pour moi, Jin Ling a un problème.

— Peut-être que dans huit ou dix ans, j'aurais vraiment fait fortune ! » plaisanta Jin Yiming, qui voulait désamorcer le conflit entre la mère et la fille.

Huizi l'ignora et se tourna vers Jin Ling : « Dis-moi, pourquoi as-tu écrit cela ? Ton père, grâce à son savoir, a aidé une entreprise rurale et les gens reconnaissants lui ont offert un gros poisson pour le remercier. Tu n'en es pas fière ? Ou alors tu trouves qu'avoir un père professeur n'est pas assez reluisant, tu préférerais avoir un père très riche ?

— Ce n'est pas ça, répondit Jin Ling d'une voix étouffée.

— C'est quoi alors ? On peut savoir ? »

Jin Ling leva la tête pour les regarder et répondit, au bord des larmes : « A l'école, personne ne me croit qu'on a eu un si gros poisson. Tout le monde dit que c'est impossible qu'on offre un gros poisson à mon père. »

Huizi et Jin Yiming, interloqués, échangèrent un regard. Jin Yiming se força à rire et dit : « Si ton père était très riche, on te croirait ? »

Jin Ling acquiesça.

« Pourquoi ?

— Parce que les gens riches ont de l'argent. Tout le monde lèche les bottes des gens riches et des cadres.

— Oh ! là, là ! soupira Huizi, d'où tires-tu tout cela ?

— Je n'ai pas envie de mentir, répondit Jin Ling solennellement, mais quand je dis la vérité, personne ne me croit, que ferais-tu à ma place ? »

Huizi ne sut que répondre. Une vague glacée lui submergea le cœur. Ce monde devenait de plus en plus matérialiste, les élèves d'école primaire comprenaient déjà l'importance de l'argent et du pouvoir, savaient comment les choses fonctionnaient dans la société actuelle. Quand cette génération atteindrait l'âge adulte, quels seraient ses choix pour l'avenir ?

Quelques jours après que Jin Ling eut rendu sa rédaction, le professeur Xing convoqua Huizi par téléphone. Montrant le cahier de Jin Ling de la main, le professeur Xing dit : « Cette rédaction est bien écrite, très bien écrite. Mais puis-je vous poser une question ?

— Bien sûr, répondit Huizi.

— Vous travaillez dans le domaine littéraire, dit le professeur Xing, vous faites la différence entre fiction et réalité. De manière générale, nous n'encourageons pas nos élèves à écrire des rédactions fondées sur des faits imaginaires. Vous l'aviez lue ? »

Huizi acquiesça d'un mouvement de la tête.

« Vous l'avez autorisée à transformer les faits ?

— Non, mais je voulais que vous la lisiez aussi, pour que vous sachiez ce que pensent les enfants. »

Elle raconta alors l'affaire que le grand poisson avait engendrée.

Le professeur Xing prit un air sévère : « C'est donc cela ! » Elle réfléchit et ajouta : « De toute évidence, il ne suffit pas de s'occuper uniquement des études de nos élèves, il faut aussi leur inculquer le sens des valeurs. Les enfants sont mûrs de plus en plus tôt, ils ont des points de vue personnels et des opinions très tranchées, quelquefois j'en suis moi-même effrayée. »

Après le départ de Huizi, durant l'étude de l'après-midi, le professeur Xing organisa une réunion de classe. L'ordre du jour était : *Mon idole*.

La réunion fut très animée. La plupart des garçons se prononcèrent pour le héros de l'espace d'un dessin animé japonais qui passait à la télévision. Seul Ni Zhiwei, qui tenait à se différencier, dit que son héros préféré était l'agent 007. Le gros Yu Pang se leva et rétorqua : « Même les bombes atomiques ne peuvent rien contre le héros de l'espace, ce n'est pas le cas de 007. » Ni Zhiwei eut un reniflement méprisant : « Nous ne parlons pas de la même chose, toi, tu regardes encore des dessins animés. »

A peine eut-il fini sa phrase qu'il prit conscience qu'il avait offensé, par mégarde, la classe entière, car tous, filles et garçons, adoraient ce dessin animé. Immédiatement, plusieurs élèves se dressèrent, des voix s'élevèrent, lui reprochant de prendre des grands airs, de vouloir toujours se montrer supérieur aux autres. Shang Hai, énervé, quitta sa chaise et, debout devant le tableau noir, dévoila en criant : « Ni Zhiwei regarde tous les jours ce dessin animé ! Il a même acheté un livre avec des images de ce dessin animé, un livre très très cher ! »

L'émotion était à son comble. Ni Zhiwei piqua un fard et défia Shang Hai, l'air menaçant. Shang Hai lui fit une grande grimace, pour lui montrer qu'il n'avait pas peur de lui.

Le professeur Xing tapa de la règle sur le bureau et dit : « Ça suffit, écoutons maintenant l'avis des filles. »

Jin Ling se leva d'un bond : « Mon idole, c'est Nobel. »

A peine eut-elle prononcé ces mots que le silence se fit dans la classe. Yu Pang, Li Lin et quelques autres élèves se tournèrent avec anxiété vers leurs voisins de devant et de derrière, en demandant à voix basse : « Nobel ? C'est qui ? » Ils posèrent aussi la question à Ni Zhiwei. Celui-ci refusa de répondre, se contentant de leur opposer un rire méprisant.

Le professeur Xing dit : « Explique-nous pourquoi c'est ton idole.

— Parce qu'il a créé le prix Nobel, répondit Jin Ling. Le monde entier désire obtenir ce prix, les physiciens, les chimistes, les médecins, les poètes, les écrivains, et même les hommes d'Etat. Tous ceux qui réussissent à obtenir ce prix sont des gens hors du commun. C'est Nobel qui a créé ce prix, c'est pourquoi il est un grand homme ! »

Le professeur Xing souriait : « Toi aussi, tu voudrais avoir le prix Nobel plus tard ? »

Une lueur étrange brilla dans les yeux de Jin Ling : « Non, plus tard, je voudrais avoir énormément énormément d'argent pour créer un prix encore plus important que le prix Nobel. Je voudrais que les gens du monde entier soient fiers d'obtenir ce prix chinois ! »

Le professeur Xing approuva d'un signe de la tête : « C'est bien, avoir pensé à la gloire de la Chine est tout à ton honneur. Gagner de l'argent n'est pas forcément une mauvaise chose, l'argent n'est pas toujours sale, tout dépend comment il est gagné, comment il est utilisé, s'il sert ou non au bienfait de l'humanité. Savez-vous quelle était la profession de Nobel ? »

Jin Ling prit à nouveau la parole : « Moi je sais ! Il était chimiste, il a découvert la dynamite. »

Dans la classe, plusieurs élèves s'exclamèrent, ils venaient de comprendre de quoi il retournait.

Le professeur Xing tapa de la main sur les livres posés sur son bureau : « Le savoir, mes enfants, le savoir est le trésor le plus précieux. Nobel était avant tout un chimiste, un grand inventeur, c'est grâce à cela qu'il a pu créer son prix. Sur cette terre, les commerçants sont nombreux, les gens riches aussi, mais personne n'accorde autant d'importance à leur argent qu'à celui de Nobel. En résumé, il n'y a rien de plus estimable que le savoir ! »

Après la réunion, Jin Ling demanda au professeur Xing de lui rendre sa rédaction pour la récrire. Le résultat fut le suivant :

Ma famille est à la fois pauvre et riche. Elle est pauvre parce qu'à la maison nous avons toujours un poste de télévision de marque Beijing dont l'écran fait dix-huit pouces. A part les chaînes nationales et provinciales, toutes les autres sont floues. Le magnétophone que mon père utilise pour étudier les langues étrangères a été tellement réparé qu'il ne craint plus rien. Il faut lui asséner quelques claques sur les fesses pour lui arracher quelques phrases. Mais si on le tape trop fort, il se fâche et se met soudain à crier d'une voix tellement aiguë que mon père manque de tomber à la renverse.

Mais ma famille est aussi riche car mon père et ma mère sont tous deux diplômés de grandes universités, ils possèdent énormément de connaissances et une grande culture. En vivant dans cet environnement, j'ai souvent l'impression d'être écrasée par tous les livres qui m'entourent. Tout le monde dit que le plus important c'est l'argent, mais d'après mon expérience, les livres du monde entier pèsent beaucoup plus lourd que les billets de banque de cette terre, si vous ne me croyez pas, vous n'avez qu'à peser vous-mêmes !

Mon père a travaillé sur beaucoup de nouveaux produits, a déposé beaucoup de brevets. Mais il aime surtout enseigner à l'université, il lit toute la journée des livres, prépare ses cours, écrit des articles, dirige les recherches de ses élèves, s'enferme dans son laboratoire. Ma mère envie quelquefois les gens qui ont beaucoup d'argent, et conseille à mon père de passer au privé, de créer une entreprise. Elle dit que grâce aux résultats de ses recherches, il gagnerait à coup sûr de l'argent. Mais mon père refuse, il dit qu'on ne peut gagner tout l'argent de la terre, que le plus important est de faire ce qu'on pense devoir faire.

Ensuite, elle transforma l'histoire du poisson : son père n'investissait plus dans l'entreprise rurale, mais utilisait son savoir pour lui venir en aide. Elle modifia aussi la fin de sa rédaction en conséquence.

Quand Huizi lut la rédaction, elle dit à Jin Yiming : « Regarde-moi ça, elle chante tes louanges, mais moi je suis complètement discréditée. Je suis devenue quelqu'un qui ne pense qu'à l'argent ! »

Jin Yiming plaida en faveur de sa fille : « Il faut des rebondissements dans une rédaction. Tu dois la laisser utiliser un peu son imagination. De toute manière, moi je te trouve bien. »

Huizi donna une petite tape sur le front de Jin Ling : « La prochaine fois, tu n'as qu'à écrire une rédaction sur ta mère, dans laquelle ton père aura le mauvais rôle !

— D'accord, j'écrirai que c'est un macho qui ne fait rien à la maison », s'écria Jin Ling.

Huizi sourit, prit la tête de sa fille entre ses mains et l'embrassa plusieurs fois.

Peu de temps après, pour le concours de la meilleure rédaction d'école primaire du district, le même sujet fut donné. Le professeur Xing recommanda la rédaction de Jin Ling, et elle obtint le deuxième prix. Ce concours fut suivi par un autre, à l'échelle de la ville, et Jin Ling remporta le troisième prix. Le directeur de l'école était tellement content qu'un matin il félicita Jin Ling devant toute l'école réunie, et la chargea du lever du drapeau ce jour-là. Jin Ling, vêtue d'un uniforme tout propre, un foulard rouge flambant neuf autour du cou, était debout sous le drapeau qui s'élevait doucement en flottant dans le vent matinal ; un bras levé, elle ressentait une fierté qu'elle n'avait jamais éprouvée auparavant. Elle pleura de joie ce jour-là. Shang Hai, qui était debout au premier rang, lui assura qu'il avait clairement aperçu des larmes dans ses yeux, mais Jin Ling refusa de l'admettre.

Impossible de trouver un professeur particulier

Fin avril, le Bureau de l'éducation du district avait organisé un examen blanc pour les classes de fin d'études de toutes les écoles primaires qui dépendaient de lui. Officiellement, c'était un examen blanc, mais en réalité l'épreuve servait à établir un classement des différentes écoles, en fonction de leurs résultats. Tous les directeurs d'école étaient très angoissés, ils craignaient que leur établissement ne soit classé parmi les derniers. En faisant partie de ceux-ci, on perdait évidemment la face ; mais le pire était que, l'année suivante, les élèves seraient plus rares, et du coup les subventions aussi. Des élèves moins nombreux et des crédits insuffisants démobiliseraient les professeurs, et les résultats s'en ressentiraient. C'était un cercle vicieux et dès qu'une école y tombait, elle pouvait être considérée comme condamnée.

Les épreuves avaient porté sur les trois matières principales, chinois, mathématiques et anglais. L'école primaire de la rue Xinhua avait obtenu une moyenne globale de 260 points, ce qui la plaçait au milieu du classement, ni parmi les bonnes ni parmi les mauvaises écoles du district.

Le directeur, très inquiet, organisa immédiatement une réunion à laquelle il convoqua tous les enseignants de l'établissement. Il déclara : « Que signifie un classement moyen ? Cela signifie qu'au maximum un tiers de nos élèves de dernière année entreront dans un bon collège ! Dans chacune des trois matières, nous avons obtenu une moyenne de 87 points ; autrefois, cela aurait été considéré comme un bon résultat, mais aujourd'hui la compétition est devenue féroce, d'année en année elle est toujours plus féroce ! Il faut être devant nos concurrents si on ne veut pas être derrière eux, cela ne fait pas l'ombre d'un doute. Surtout, il ne faut pas se laisser aller, l'attitude à adopter envers les élèves peut se résumer ainsi : ne pas les lâcher d'un pouce ! Il reste encore deux mois avant l'examen d'entrée au collège, il faut passer à l'attaque, y aller à fond, on peut encore améliorer nos résultats. L'école primaire Jiangjunying a depuis longtemps instauré le système 7-7 pour les élèves de dernière année, c'est-à-dire début des cours à sept heures du matin et fin des cours à sept heures du soir. J'ai aussi envoyé quelqu'un en reconnaissance à l'école primaire de l'Ecole normale : les élèves y ont presque deux fois plus de devoirs à faire à la maison que les nôtres. Cela prouve que nous ne sommes pas assez durs. Pour le bien de nos élèves, il faut nous montrer impitoyables, camarades ! Les enfants sont comme des ballons de baudruche, si on souffle, ils gonflent, mais si on se relâche, ils se ratatinent. Maintenant, on les fait souffrir, on les maltraite, mais plus tard ils nous remercieront, car ils auront compris que c'était pour leur bien. »

Le professeur Xing s'inquiéta : « Si ça continue, dans quelques années, pour accéder aux bons collèges, il faudra avoir 100 sur 100 dans toutes les matières. Les élèves n'auront droit à aucune erreur. C'est impossible ! »

Le directeur eut un geste résigné : « Je n'y suis pour rien. Moi aussi, je me fais du souci et je suis sous pression. Je suis obligé de prendre des somnifères pour pouvoir dormir. »

Les professeurs soupirèrent et retournèrent au travail.

Le professeur Xing demanda à Hu Mei, à Liu Yaru et à quelques autres délégués de la classe de l'aider à écrire au tableau les noms des dix premiers élèves et des dix derniers dans chaque matière. Les deux tableaux noirs de la classe, celui derrière l'estrade et celui au fond de la salle, étaient complètement recouverts de noms. Et le jour même, le professeur Xing organisa une réunion de parents d'élèves.

Quand Huizi entra dans la salle, en voyant tous les noms sur les tableaux noirs, elle se crispa immédiatement. Tous les muscles de son corps tendus, elle se mit à chercher le nom de Jin Ling. Il ne figurait pas sur le tableau derrière l'estrade. Il ne figurait pas non plus sur le tableau au fond de la classe. Elle se détendit un peu, elle était à la fois contente et déçue. Que le nom de Jin Ling ne figure pas sur les tableaux signifiait que, dans toutes les matières, ses résultats n'étaient ni bons ni mauvais, juste moyens. Si, comme le disait le professeur Xing, seul un tiers des élèves entrerait dans un bon collège, les chances de Jin Ling étaient minces.

Huizi était à nouveau dévorée d'inquiétude. Assise dans la salle de classe, au milieu des tables alignées très serrées, elle entendait les parents murmurer autour d'elle : ils discutaient des résultats de leurs enfants, faisaient des pronostics sur le seuil d'admission dans les bons collèges, se plaignaient, se félicitaient, s'indignaient, parlaient des tarifs des cours particuliers, de régimes alimentaires… Elle était complètement abattue. Elle n'arrivait pas à établir si cette époque de compétition acharnée était bénéfique ou non pour les enfants, mais en tout cas elle était sûre d'une chose : tous les parents étaient malheureux. Ils subissaient une pression plus forte que celle des enfants. Ceux-ci étaient fatigués mais il leur suffisait d'une bonne nuit de sommeil pour recharger leurs batteries. La pression des parents, elle, était psychologique : de l'école primaire au concours d'admission à l'université, et jusqu'à l'entrée dans la vie active, c'était une véritable course d'obstacles, on n'avait jamais l'esprit tranquille.

Le professeur Xing s'avança vers Huizi, compatissante : « Mme Jin, vous avez l'air soucieuse ? »

Huizi eut un mouvement de la tête, comme pour chasser les pensées qui l'assaillaient en désordre, et répondit avec un sourire douloureux : « Ce n'est rien, c'est mon état normal.

— La situation de Jin Ling, vous la connaissez ? demanda le professeur.

— Que puis-je faire ? dit Huizi avec un regard implorant. J'ai l'impression d'être une mauvaise mère. »

Le professeur Xing se tut un moment, avant de répondre doucement : « Si Jin Ling n'était pas mon élève, je n'aurais aucune critique à formuler, elle est vraiment adorable. Mais elle est mon élève, et j'en suis responsable. Je vais être franche, ses résultats laissent toujours à désirer. Je sais que vous et votre mari êtes des gens cultivés, que vous avez de l'ambition pour elle, que vous ne seriez pas satisfaits si elle n'entrait pas dans un bon collège. Vu la situation actuelle, je me demande s'il ne faudrait pas lui trouver un bon professeur particulier, pour la dernière ligne droite.

— Quel genre de cours particuliers conseilleriez-vous ? » s'enquit timidement Huizi.

Le professeur Xing sourit : « Difficile à dire. Le mieux serait de trouver un professeur expérimenté, qui connaisse bien le programme de dernière année d'école primaire. Si possible, un enseignant de l'Ecole des langues étrangères : comme ils participent tous les ans à l'élaboration de l'épreuve d'entrée au collège, ils connaissent les thèmes d'examen potentiels, ce qui leur permet d'orienter les révisions, de guider les élèves dans la bonne direction.

— Merci beaucoup pour vos conseils, professeur, s'empressa de dire Huizi.

— Inutile de me remercier, nous voulons tous le bien des enfants. Et j'aime beaucoup Jin Ling. »

Le soir même, en rentrant à la maison, Huizi passa immédiatement à l'action. Elle tira Jin Yiming de son bureau, et il firent la liste de tous les parents et amis susceptibles de connaître des professeurs de l'Ecole des langues étrangères, ou qui pourraient les aider à entrer en contact avec l'un d'eux.

Un cousin de Jin Yiming avait dit une fois que le directeur de l'Ecole des langues étrangères était l'un de ses voisins. Jin Yiming lui téléphona. Le cousin expliqua alors qu'ils étaient effectivement voisins mais éloignés, le directeur habitant deux immeubles plus loin. Et s'il connaissait le directeur, celui-ci ne le connaissait pas ; même s'il en avait eu envie, il ne pouvait pas lui transmettre de message.

« C'est vraiment trop bête ! dit Huizi, furieuse. Puisqu'ils sont voisins, il aurait dû penser à trouver un moyen pour entrer en relation avec lui ! »

Jin Yiming prit la défense de son cousin : « Ce n'est pas si facile. A l'heure actuelle, les directeurs de bons collèges sont terriblement sollicités, encore plus que les directeurs d'université. Faire leur connaissance n'est pas évident. »

Ils continuèrent à passer en revue leurs relations. Ils en arrivèrent au père de

Huizi qui, des dizaines d'années auparavant, avait eu un élève qui avait dirigé un temps les ateliers de l'Ecole des langues étrangères.

Huizi téléphona à ses parents. Son père dit qu'il allait tout de suite se renseigner. Un moment plus tard, il rappela pour annoncer que, malheureusement, son élève était décédé deux années auparavant. La mère de Huizi prit le téléphone : « Est-ce que tu veux que je demande à mes anciens collègues ?

— Ce n'est pas la peine, répondit Huizi, découragée. Il faut une relation très proche pour que la personne accepte de donner des cours particuliers à Jin Ling. »

A ce point de leur liste, Huizi avait perdu tout espoir. Ils la déchirèrent et, très déprimés, allèrent se coucher. Avant d'éteindre la lumière, Huizi se releva pour jeter un œil dans la chambre de Jin Ling. Celle-ci dormait, candide ; les coins de sa bouche étaient relevés en un sourire : elle faisait certainement un rêve très agréable. En retrouvant Jin Yiming, Huizi dit : « Elle ne s'en fait vraiment pas !

— Pourquoi s'en ferait-elle ? répondit son mari. Un enfant dépend entièrement des adultes. »

En entendant cela, Huizi eut le cœur encore plus lourd. Elle se tourna et se retourna dans le lit toute la nuit sans réussir à s'endormir.

Au magazine, ils bouclaient le prochain numéro, Huizi se devait d'être assidue. Le matin, dès que Jin Ling fut partie pour l'école, elle enfourcha immédiatement son vélo et se rendit au travail. Devant la porte du journal, elle tomba sur la rédactrice en chef, la vieille Mme Yu. Celle-ci était venue en bus à l'heure de pointe : sans doute parce qu'elle était petite et que sa tête n'arrivait qu'aux épaules des autres passagers, ses cheveux étaient complètement ébouriffés, et sa chemise, un peu plus longue que sa veste, pendait hors de son pantalon ; elle avait une allure plutôt piteuse.

« Vous devriez partir un peu plus tard de chez vous, dit Huizi. Il y aurait moins de monde dans le bus. »

Mme Yu donna de petites tapes sur le sac en nylon qu'elle portait à son bras :

« On est en plein bouclage, et on n'a toujours pas trouvé le sujet de notre éditorial, je ne peux pas me permettre d'arriver plus tard.

— Mais n'est-ce pas Li Yu qui s'occupe de cela ?

— Si, mais son enfant passe le concours d'entrée au lycée, elle a dit qu'elle était tellement stressée qu'elle allait exploser, et elle a demandé un congé. Il faut bien que quelqu'un fasse le travail. »

Mme Yu était connue pour sa gentillesse : collaborer à ce magazine n'offrait pas de grandes perspectives d'avenir, mais beaucoup de gens acceptaient de travailler pour elle, car c'était agréable.

Huizi eut un rire sarcastique : « Toutes les mères d'enfants scolarisés en sont au même point. L'enfant de Li Yu passe l'examen d'entrée au lycée, ma fille celui du collège. Moi aussi, je vais bientôt craquer.

— Ah non, pas question ! réagit vivement Mme Yu. Vous n'allez pas toutes me laisser tomber. Une vieille femme comme moi ne peut pas sortir toute seule le prochain numéro du magazine ! »

Huizi ouvrit la porte du journal fermée à clé, et entra dans les bureaux où s'amoncelaient de vertigineuses piles de copies.

« Je disais ça juste comme ça, je n'ai pas l'intention de demander un congé. Tout ça, c'est parce que nous sommes trop perfectionnistes, trop perfectionnistes au travail et trop perfectionnistes à la maison. Quand nous étions enfants... » S'apercevant que Mme Yu la regardait, songeuse, elle s'interrompit : « A quoi pensez-vous ?

— Je pense que tout le monde dit que le mois de juillet est atroce à cause de tous ces examens. On pourrait faire notre éditorial là-dessus, c'est un sujet qui concerne beaucoup de gens.

— Ça, c'est une bonne idée !

— Je vous charge de l'écrire », s'empressa d'ajouter Mme Yu.

Huizi resta interdite : « Moi ? Vous plaisantez ? Je sais éditer des textes, mais pas en écrire !

— Essayez, vous pouvez essayer, non ? » Mme Yu mit en branle les dons de persuasion qu'elle utilisait avec les auteurs : « Vous avez un enfant qui passe un examen, vous parlerez d'expérience, votre texte ne sera pas superficiel. »

Elle réussit à motiver Huizi qui accepta.

Mme Yu était ravie et elle autorisa Huizi à rentrer immédiatement chez elle, pour lui donner tout le temps d'écrire. Il fallait que l'article soit terminé pour le lendemain matin, sinon il serait trop tard.

Huizi n'avait même pas eu le temps de s'asseoir à son bureau qu'elle était à nouveau sur son vélo. Ce n'était déjà plus l'heure de pointe, il n'y avait que peu de gens dans la rue ; elle roulait lentement, en réfléchissant au plan de son article. Mme Yu avait raison, elle avait vraiment beaucoup d'idées sur le sujet, il lui suffisait de réfléchir un peu et tout ce qu'elle avait à dire se pressait à son esprit. Elle mit les phrases à peu près en ordre dans sa tête, pour avoir les idées claires au moment d'écrire.

Devant l'institut de beauté et de coiffure Mengna, elle tomba sur Xinlan, une ancienne camarade d'université. Xinlan avait partagé la chambre de Huizi durant leurs études. Une fois diplômée, elle avait épousé Li Erdong, du département de chimie. Celui-ci avait poursuivi ses études à l'étranger ; Xinlan se sentait délaissée, elle allait souvent chez Huizi, se plaignait de sa situation et parlait même de divorce. Huizi la persuada de serrer les dents et de tenir bon : ils avaient déjà un enfant, divorcer n'était pas bon pour lui. Deux ans ne s'étaient pas écoulés que Li Erdong, ses études à l'étranger terminées, revenait au pays pour créer dans la zone économique spéciale de la ville une entreprise de haute technologie. On disait qu'à l'heure actuelle le capital de sa société se montait à plus de cent millions de yuans. Quand ses camarades d'université revirent Xinlan, elle était couverte de bijoux, se déplaçait en limousine, avait un joli petit chien et s'était fait refaire le nez, ce qui lui donnait un air de star.

Ce matin-là, Xinlan était vêtue d'un ensemble en soie rose pastel, avait deux énormes perles véritables aux oreilles, et portait un petit sac à main de couleur nacrée ; on aurait dit qu'elle se rendait à un banquet.

Huizi sauta de son vélo : « Où vas-tu ? Il y a des mondanités si tôt le matin ? »

Xinlan eut un sourire gracieux et d'un mouvement du menton désigna l'institut de beauté : « Je vais là, pour une séance de soins esthétiques, ensuite je me ferai coiffer.

— Tu n'as rien d'autre à faire, tu ne vas pas au travail ? s'étonna Huizi.

— Quel travail ? dit Xinlan. Pour gagner quelques centaines de yuans… J'ai démissionné. » Elle prit Huizi par le bras : « Viens avec moi, accompagne-moi pour une séance de soins, je t'invite.

— Non merci, ces trucs à la mode, ce n'est pas pour moi. »

Mais Xinlan ne la lâchait pas : « Essaie, d'accord ? Quelle femme n'a pas envie de préserver sa jeunesse ? Avec la vie que tu mènes, tu as mauvaise mine, tu as la peau toute sèche. Fais attention, si tu ne prends pas soin de toi, Jin Yiming pourrait t'en vouloir.

— Il pourrait m'en vouloir ? répliqua Huizi dans un éclat de rire froid. J'existe encore à peine, je ne sers plus que de bonne et de professeur particulier, à lui et à sa fille. »

Elle passa la main sur ses joues, effectivement elle avait l'impression que sa peau était relâchée et rugueuse ; rien à voir avec le teint lumineux et bien hydraté de Xinlan.

« D'accord, je vais suivre tes conseils et essayer les soins esthétiques, décida Huizi. Mais qu'on soit bien d'accord, chacune paie sa part.

— Tu es toujours aussi intransigeante », dit Xinlan, résignée.

Elles entrèrent dans l'institut l'une à la suite de l'autre.

La patronne de l'institut Mengna était une femme d'une quarantaine d'années ; elle avait un visage ovale et un air digne, des lunettes aux montures dorées et raffinées, et une peau blanche, fine et lisse : une véritable publicité vivante pour son institut. Quand elle aperçut du coin de l'œil Xinlan qui entrait, elle s'avança vers elle souriante, et s'enquit avec amabilité : « Ah ! vous venez aujourd'hui… »

Xinlan vient souvent ici, se dit Huizi.

La patronne les mena jusqu'à deux fauteuils côte à côte, appela deux esthéticiennes qui avaient l'air expérimentées, leur dit quels produits utiliser, puis partit s'occuper d'autres clientes.

Les fauteuils étaient très confortables, et les soins du visage prodigués par les doigts légers et doux de l'esthéticienne très agréables. Mais, de manière inexplicable, cela agaça Huizi qui espérait que ça se termine au plus vite.

Xinlan tourna la tête vers elle : « Qu'est-ce que tu as, Huizi ? Tu as l'air énervée !

— Je ne suis pas comme toi, je travaille, je n'ai pas beaucoup de temps !

— On ne travaille bien que si l'on sait profiter de la vie, ne l'oublie pas, rit Xinlan.

— Ton fils passe aussi l'examen d'entrée au collège cette année, non ?

— C'est déjà réglé », repartit Xinlan avec un sourire entendu.

Huizi ne comprenait pas, elle demanda, ébahie : « Qu'est-ce qui est réglé ?

— L'entrée au collège. Il est admis à l'Ecole des langues étrangères. »

Le cœur de Huizi fit un bond. En discutant avec Xinlan, elle apprit que Li Erdong avait fait don à l'Ecole des langues étrangères d'un équipement complet d'enseignement audiovisuel. Aussi l'école avait-elle accepté de prendre son fils. Huizi connaissait l'enfant : il était très doué en jeux vidéo, mais pour le reste il n'égalait pas Jin Ling.

En tournant la tête, Huizi aperçut l'esthéticienne qui arrivait avec un pot de crème pour les masques du visage et elle se dépêcha de dire : « Il paraît que les collégiens de l'Ecole des langues étrangères n'entrent pas tous au lycée de l'Ecole, qu'environ dix pour cent sont éliminés. »

Pour Xinlan, cela n'avait aucune importance : « Mon fils n'a absolument pas l'intention d'aller au lycée. »

Huizi faillit se lever de son fauteuil d'un bond. Elle pensait : S'il ne veut pas aller au lycée, à quoi lui sert d'aller à l'Ecole des langues étrangères ? Il ferait mieux de laisser sa place à Jin Ling.

Xinlan continua, en fermant les yeux pour permettre à l'esthéticienne de poser le masque de beauté : « Une pizzeria vient d'ouvrir en face de l'Hôtel International, tu sais combien gagne par mois le cuisinier italien ? »

Huizi fit non de la tête.

« Ça ! dit Xinlan en montrant "quatre" avec ses doigts.

— Quatre mille yuans ?

— Quarante mille ! »

Huizi voulut répondre quelque chose, mais le masque qui avait durci l'empêcha d'ouvrir la bouche, elle ne réussit qu'à en tirer les coins en grimaçant.

Xinlan poursuivit : « Un cuisinier chinois peut gagner tout aussi bien sa vie à l'étranger. De toute façon, mon fils n'est pas du genre à faire des études ; quand il aura fini le collège, je pense le faire entrer dans une école hôtelière pour qu'il devienne cuisinier. Plus tard, je lui donnerai un capital pour qu'il ouvre un restaurant aux Etats-Unis.

— Tu n'aurais vraiment pas dû laisser Li Erdong donner tant d'argent à l'Ecole des langues étrangères, ton fils n'avait pas besoin d'entrer à tout prix dans cette école, n'importe quel collège aurait fait l'affaire », répliqua Huizi sur un ton de regret.

Xinlan se moqua d'elle et lui dit qu'elle ne comprenait rien : son fils devait parler anglais pour aller aux Etats-Unis. Or, quand on sortait de l'Ecole des langues étrangères, on parlait bien anglais.

Huizi pensait qu'avec cette somme ils auraient pu payer dix professeurs d'anglais, mais elle se tut. Elle trouvait que les gens riches ne raisonnaient pas tout à fait de la même manière que les autres.

Ensuite, Xinlan s'enquit poliment de la situation de Jin Ling. Huizi soupira tristement, expliqua qu'elle se creusait la tête pour les études de Jin Ling, qu'elle avait essayé de trouver un professeur particulier de l'Ecole des langues étrangères, qu'elle avait frappé à toutes les portes, en vain.

« Il fallait me demander à moi ! s'écria Xinlan. Pourquoi ne m'en as-tu pas parlé ? »

Huizi était interloquée : « A toi ? Tu as une solution ? »

Xinlan était de très bonne humeur, sans doute parce qu'elle n'avait pas besoin de s'en faire pour l'entrée de son fils au collège et qu'elle avait l'impression d'être plus avantagée que Huizi. Elle dit : « Dans mon immeuble, juste en dessous de nous, habite un professeur de l'Ecole des langues étrangères. Il enseigne justement les mathématiques au collège, ça tombe vraiment bien, non ? L'année dernière, quand il a voulu faire des travaux chez lui, je lui ai rendu service ; si je lui demandais de donner quelques cours particuliers, ça ne devrait pas poser de problème.

— Ça ne devrait vraiment pas poser de problème ! » s'empressa d'acquiescer Huizi.

Xinlan lui proposa de passer chez elle le soir même, afin de lui présenter ce professeur. Huizi, tout d'un coup très excitée, se félicitait en son for intérieur d'être tombée sur Xinlan et de l'avoir accompagnée à l'institut de beauté. On dit : *Le Ciel laisse toujours une voie aux hommes*, c'était vraiment juste.

Rentrée chez elle, Huizi rédigea l'éditorial avec une extrême facilité. Elle n'avait pas perdu ses talents d'écriture, les mots et les phrases lui venaient sans effort, comme lorsqu'elle était à l'université.

Le soir, après le dîner, Huizi demanda à Jin Yiming de faire la vaisselle et se rendit en vélo chez Xinlan. Elle frappa à la porte ; quand elle s'ouvrit, Huizi refusa d'entrer, expliquant qu'elle n'avait pas envie de se déchausser, et pressa Xinlan de sortir.

Celle-ci dit en enfilant ses chaussures sur le pas de la porte : « Ce n'est pas sûr que ça marche ! »

Le cœur de Huizi fit un bond : « Tu lui en as parlé ? Il n'est pas d'accord ?

— J'en ai parlé à sa femme, répondit Xinlan. Elle m'a dit qu'il était extrêmement sollicité, complètement débordé par les demandes de cours particuliers. Ça ne m'étonne pas, si on y a pensé, d'autres y ont évidemment aussi pensé. »

Ces paroles firent l'effet d'une douche froide à Huizi, son sang se glaça et elle devint toute pâle. Elle descendit l'escalier derrière Xinlan d'un pas lent, elle sentait qu'il y avait peu de chances que leur démarche aboutisse.

Xinlan frappa à la porte. Le professeur en personne leur ouvrit. Un moment, Huizi eut l'impression qu'elles avaient fait irruption par mégarde dans une salle de classe en plein milieu d'un cours : dans le salon qui faisait un peu plus de dix mètres carrés étaient entassés presque une vingtaine d'élèves. Comme il n'y avait pas assez de chaises et de tabourets, certains étaient installés sur des cartons, d'autres sur de minuscules tabourets ronds en plastique ; un dernier qui n'avait vraiment pas trouvé où s'asseoir, adossé au mur, avait posé son cahier sur le dos de l'élève devant lui pour écrire. Une ampoule de forte puissance, aveuglante, pendait au-dessus de leurs têtes, faisant paraître leurs visages verdâtres et creusant leurs orbites d'une ombre noire. S'apercevant qu'il y avait des visiteurs, les enfants se tournèrent tous vers la porte, un sentiment de soulagement sur leurs visages.

Huizi inspira profondément. Elle n'avait absolument pas imaginé que des cours particuliers puissent se passer ainsi. Elle était stupéfaite et ne trouvait que dire. C'était trop éloigné de l'ambiance feutrée d'un tête-à-tête entre un professeur et un élève qu'elle avait imaginée. Même dans la Chine ancienne, les écoles privées ne comptaient sûrement pas autant d'élèves.

Xinlan lui chuchota à l'oreille : « Il y a trop de monde, attends-moi ici, je m'en charge. »

Sans attendre la réponse de Huizi, Xinlan entra en passant avec précaution par-dessus les jambes et les pieds des élèves. Elle revint un moment plus tard, en faisant comprendre à Huizi qu'elle lui expliquerait tout quand elles seraient seules.

« Il demande cinquante yuans par heure de cours.

— Tant que ça !

— On ne peut pas vraiment lui en vouloir, soupira Xinlan. Tu as vu toi-même tous les élèves qu'il a, tous ont été recommandés par des parents, des amis ou des gens importants. Comme il ne peut pas refuser, de peur de vexer les gens, il pratique des tarifs prohibitifs.

— Les élèves ont du mal à trouver un professeur, les professeurs sont débordés, dans quel monde vivons-nous ? dit sombrement Huizi.

— Ne t'énerve pas, la consola Xinlan, rentre chez toi pour réfléchir et discuter avec Jin Yiming. Je pourrais très bien payer ces cours, ce n'est que l'affaire de deux mois après tout, mais je sais très bien que tu n'accepterais pas.

— Bien sûr que je n'accepterais pas ! »

Elles prirent congé, et Huizi retourna chez elle à vélo dans la nuit.

Jin Ling avait des antennes ; dès qu'elle vit le visage de sa mère, elle demanda : « Le professeur ne veut pas de moi ? »

Huizi exposa la situation à son mari et à sa fille. Jin Yiming dit : « Je ne vois pas l'intérêt de ce genre de cours. S'il y a presque une vingtaine d'élèves, tous d'écoles différentes, il vaut encore mieux réviser chez soi tout seul.

— C'est vrai, avec ce qu'on économisera, on pourra m'acheter un vélo », renchérit Jin Ling.

Huizi la rabroua avec mauvaise humeur : « Ça suffit ! Si tu n'étais pas mauvaise en maths, on n'aurait pas tous ces problèmes !

— Le problème ce n'est pas que je suis mauvaise en maths, se justifia Jin Ling, c'est que tu es trop exigeante ! Pourquoi est-ce que je dois à tout prix entrer dans un bon collège ? »

La susceptibilité de Huizi fut touchée instantanément et elle demanda à sa fille si elle n'essayait pas de tirer au flanc, si elle abandonnait l'idée d'être la meilleure. Jin Ling grommela : « Je disais ça juste comme ça. »

Le lendemain, Huizi téléphona à Xinlan pour la remercier de son aide, mais dit qu'elle déclinait la proposition. A l'autre bout du fil, Xinlan répondit : « Moi aussi, je trouve que ça ne convient pas. On ne peut pas enseigner correctement à tant d'élèves à la fois, c'est vraiment de l'abattage. »

Enfin, je peux élever des vers à soie

Début mai, il commençait à faire chaud. Quand Jin Ling retourna à l'école l'après-midi, elle était vêtue d'un simple tee-shirt blanc, sur lequel étaient imprimés Blanche-Neige et les sept nains. De toute évidence, il était devenu un peu trop petit pour elle depuis l'été précédent. Son petit ventre rond proéminent donnait envie de rire. Huizi dit en lui tapotant le ventre : « Même le stress de la période de révision ne t'a pas fait maigrir, apparemment tu n'as pas été très sérieuse.

— Juger quelqu'un sur son ventre, c'est vraiment superficiel ! protesta Jin Ling. Mon ventre est peut-être rempli de sagesse.

— De toute manière, pour une fille, c'est mieux d'être svelte », dit Huizi.

Jin Ling pensa : C'est reparti, elle va encore me parler de régime. Ces derniers temps, elle n'arrête vraiment pas de radoter.

Mais sur le chemin de l'école, Jin Ling eut aussi le sentiment que son ventre un peu bombé manquait d'élégance. Elle prit une profonde inspiration et le rentra en marchant. Oh ! là, là ! c'était vraiment épuisant ! Très vite, Jin Ling abandonna l'idée d'avoir l'air un peu plus svelte, et se mit à marcher, décontractée, en balançant les bras.

Devant la porte de l'école, c'était la bousculade. De temps en temps, un élève tout suant sortait de la mêlée, portant quelque chose dans ses mains, et avançait en titubant comme s'il n'arrivait plus à marcher. Certains criaient, d'autres hurlaient pour appeler à venir voir. La rue devant l'école était presque bouchée.

Jin Ling aperçut Zhang Lingling et Li Xiaojuan dans la cohue. Elle se précipita en criant : « Lingling ! Lingling ! Qu'est-ce qu'il y a ? »

Zhang Lingling se retourna, entrevit Jin Ling à travers la foule, et répondit, énervée : « Tu ne pouvais pas arriver plus tôt ? Il y a un marchand de bébés vers à soie, mais il n'en a presque plus ! »

Au milieu de l'attroupement, se tenait un vieux monsieur d'une cinquantaine d'années qui secoua ses vêtements pour en faire tomber des débris de feuilles de mûrier. En riant, il confirma : « Il n'y en a plus, il n'y en a plus ! »

Une multitude de voix fusa immédiatement : « Vous allez revenir demain ?

— C'est pas sûr. Peut-être, peut-être pas », répondit le vieux monsieur.

Des exclamations de déception et de mécontentement s'élevèrent de toutes parts. Grands et petits se dispersèrent. Ceux qui n'avaient pas réussi à acheter des vers à soie s'agglutinaient autour de ceux qui en avaient, tout le monde était très excité et parlait en même temps.

Jin Ling demanda à ses amies : « Vous avez réussi à en avoir ? »

Zhang Lingling lui montra un petit sachet plastique : « Regarde ! »

Jin Ling s'approcha, envieuse, pour observer de plus près. Dans le sachet, au milieu de tendres petites feuilles de mûrier, se tortillaient quelques bébés vers à soie, pas plus longs que deux grains de riz. Leurs petites têtes se dressaient naïvement, comme s'ils étaient un peu étonnés de se trouver là.

Regarde, il y en a qui sont déjà presque morts !

— Où ? » Zhang Lingling ouvrit vite le sachet.

Jin Ling montra du doigt : « Celui-là ! Et celui-là ! Ils ont des points noirs, ils sont moisis ! »

Li Xiaojuan et Zhang Lingling se tordirent de rire.

« Mais non, ils ne sont pas moisis ! dit Li Xiaojuan en riant, c'est une nouvelle variété de vers à soie. Le vieux monsieur nous a expliqué que les vers blancs ne produisent que des cocons blancs, alors que les vers noirs peuvent en faire des jaune pâle, des jaunes, des dorés, des orange, c'est super ! »

Jin Ling demanda, les yeux écarquillés : « Vraiment ? Le vieux monsieur a peut-être menti ?

— Non, répondit Zhang Lingling. L'année dernière, ma cousine avait des vers noirs, j'ai vu leurs cocons. »

Jin Ling ne dit rien. Elle était abattue, pourquoi n'avait-elle pas quitté la maison un peu plus tôt ? Tout ça, c'était la faute de sa mère qui l'avait obligée à réviser son vocabulaire d'anglais. Mais… se rappela-t-elle, même si elle était arrivée plus tôt, cela n'aurait servi à rien, car elle n'avait pas un sou sur elle, elle aurait juste pu regarder les autres acheter.

Zhang Lingling dit à Li Xiaojuan : « Je parie que tu n'es pas capable de mettre des vers sur ton visage.

— Non, c'est dégoûtant ! fit Li Xiaojuan peureusement.

— Moi si, je peux même les mettre sur ma langue. »

Jin Ling, un peu jalouse, lui rabattit le caquet : « Arrête de faire la maligne !

— Tu ne me crois pas ? Regarde ! »

Elle extirpa de son sachet un ver blanc tout mou, le posa d'abord dans la paume de sa main, pour que ses deux copines puissent bien le voir, ensuite elle ouvrit la bouche, tira la langue, et y posa doucement le ver.

Immédiatement, Li Xiaojuan se sentit mal ; elle détourna vite la tête. Jin Ling, au contraire, tendit le cou et ouvrit grand les yeux pour bien voir le petit ver qui se tortillait, culbutait, se débattait au bout de la langue de Zhang Lingling.

Très fière d'elle, celle-ci montra sa bouche du doigt, et dit sans articuler, de manière quasi inaudible : « Vous avez vu ? »

A peine avait-elle terminé sa phrase que son visage se figea de terreur ; ses yeux s'ouvrirent démesurément, sa bouche pendait entrouverte, ses joues tressautaient.

Jin Ling s'écria : « Et le ver ? Et ta langue ? »

Zhang Lingling tira doucement la langue : au bout, il n'y avait plus rien. D'une voix plaintive, elle dit : « J'ai avalé le ver ! »

Pendant quelques secondes, les trois filles se regardèrent, sans savoir que dire. Jin Ling s'approcha de son amie pour inspecter l'intérieur de sa bouche. Elle aurait souhaité que ses yeux puissent sortir de leurs orbites, entrer dans la gorge de Zhang Lingling, glisser le long de son œsophage jusqu'à l'estomac, pour observer la digestion du petit ver avalé tout cru.

Li Xiaojuan demanda timidement à Zhang Lingling : « Tu… te sens mal ? »

Celle-ci essaya de sourire, mais le résultat fut encore pire que si elle pleurait : « Il va et vient dans mon ventre.

— C'est terrible ! » frissonna Li Xiaojuan, pâle comme un linge.

Zhang Lingling hurla tout d'un coup : « J'ai envie de vomir ! »

Elle se précipita au pied d'un arbre, se pencha, et vomit, agitée de soubresauts, à en faire couler son nez et jaillir les larmes. Jin Ling la rejoignit, lui tapota le dos avec compassion, sortit de son cartable sa gourde d'eau pour qu'elle puisse se rincer la bouche, et lui dit : « C'est fini, tu as certainement recraché le ver. »

Zhang Lingling poussa un soupir mais, pas totalement revenue de sa frayeur, elle jeta par terre le sachet en plastique contenant les vers : « Je ne veux plus les voir. » Elle tourna les talons et courut à toute vitesse à l'école.

Jin Ling, restée seule sous l'arbre, fixait le sachet du coin de l'œil. A l'intérieur, les vers ne se doutaient absolument pas de ce qui s'était passé, ils continuaient à ramper avec application de-ci, de-là, faisant bouger le sachet. Le cœur de Jin Ling battait comme un tambour, ses mains étaient moites. Le ramasser ? Elle hésitait. Il avait été jeté, seuls les mendiants ramassaient des choses jetées. Si ses camarades l'apprenaient, ils se moqueraient d'elle. Mais le laisser là, au bord de la route ? Les bébés vers allaient être écrasés par les passants ou par les roues des voitures.

Jin Ling resta debout là, le visage déjà un peu rougi par le soleil du début de l'été ; des gouttes de sueur perlaient au bout de son nez.

Finalement, elle balaya rapidement du regard les alentours. Personne ne faisait attention à elle, elle se baissa vite et saisit le sachet.

Oh ! là, là ! pourvu que personne, absolument personne n'ait rien vu !

Elle se retourna, descendit le cartable de ses épaules, et fit semblant d'y prendre quelque chose pour y fourrer le sachet. Elle n'osa pas remettre son cartable sur son dos ; elle le porta dans ses bras comme un fragile vase de porcelaine qui risquait de se briser instantanément.

En chemin, elle croisa le professeur d'anglais qui dit en montrant le cartable : « La lanière s'est à nouveau cassée ? Tu as encore oublié de demander à ta mère de le réparer ? »

Jin Ling éluda la question en faisant une réponse incohérente.

L'après-midi commençait par un cours de maths. Jin Ling avait du mal à tenir en place, les petits vers dans le cartable allaient et venaient dans son esprit, lui donnant des démangeaisons. Elle avait l'impression que deux d'entre eux étaient sur le point de sortir du cartable, ou alors qu'un gros vers écrasait un petit qui poussait des cris. Elle ne pouvait s'empêcher de passer la main sous la table, de toucher le petit sachet, de le sortir pour vérifier s'il n'y avait pas de problème, puis, rassurée, de le remettre en place.

Cinq minutes après, elle recommençait. Jin Ling savait que ce n'était pas bien, qu'il ne fallait pas se comporter ainsi pendant les cours, mais elle ne pouvait pas s'en empêcher, comme si sa vie en dépendait.

Shang Hai tourna la tête et lui demanda à voix basse : « Qu'est-ce que tu fais ? »

Jin Ling lui donna un coup de coude :

« T'occupe !

— T'es vraiment pas sympa ! » se vexa Shang Hai.

Le professeur Zhang avait fini d'écrire au tableau et se retourna. Le problème était le suivant : « Soit deux entrepôts de charbon A et B ; le rapport entre les poids de charbon qu'ils contiennent est de 8 sur 7. Sachant que, si l'on sort un quart du charbon de l'entrepôt A et si l'on ajoute 6 tonnes de charbon dans l'entrepôt B, l'entrepôt B contient exactement 14 tonnes de charbon de plus que l'entrepôt A, combien de tonnes de charbon étaient entreposées à l'origine dans chacun des deux entrepôts ? »

Le professeur Zhang, appuyé des mains sur son bureau, cherchait du regard qui interroger. Quelques élèves avaient levé la main mais, exprès, il ne les appela pas ; il voulait interroger un de ceux qui n'avaient pas écouté, qui n'avaient pas levé la main.

Le nom tomba : « Jin Ling ! »

Jin Ling sursauta, sortit précipitamment la tête de sous la table, et essaya d'amadouer le professeur par un sourire radieux.

Celui-ci ramassa un bout de craie sur son bureau et, l'air mauvais, visa Jin Ling. Au moment de le lancer, il prit conscience que c'était une petite fille et son poignet dévia légèrement. Comme téléguidée, la craie décrivit une courbe et vint frapper le front de Shang Hai, puis rebondit sur la table de Li Xiaojuan. Celle-ci prit la craie, se leva et la rapporta respectueusement au professeur.

Shang Hai, étonné et furieux, protesta en se tenant le front : « Mais je n'ai rien fait, moi ! »

Le professeur Zhang s'apprêtait à dire quelque chose quand Jin Ling s'écria tout à coup : « Je sais le faire ! »

Le professeur, le souffle coupé, regarda Jin Ling, la bouche entrouverte, d'un air incrédule.

Jin Ling se leva, complètement inconsciente : « Je sais vraiment le faire. On peut le résoudre avec une équation, en remplaçant chaque part par x. »

Le professeur, à bout, acquiesça de la tête : « Bien, tu es invitée à venir au tableau. »

Jin Ling, toute contente, un sourire enjôleur aux lèvres, monta sur l'estrade et résolut le problème de manière assez compliquée. Elle ne s'était absolument pas rendu compte que, trois minutes auparavant, elle avait failli être démolie par le professeur Zhang.

Mais, à la fin du cours, Shang Hai ne la lâcha pas. Il lui dit : « La craie, je l'ai reçue à ta place.

— Je n'y suis pour rien, je ne t'ai rien demandé ! s'offusqua Jin Ling.

— Tu me dois des dommages et intérêts », insista Shang Hai.

Jin Ling attrapa la tête du garçon : « Tu es gravement blessé ? Il y a du sang ? C'est où ?

— Il est très possible que je sois victime d'une commotion cérébrale. Et si j'avais été touché un peu plus bas, à l'œil, je serais aveugle.

— Pour le moment, tu ne l'es pas.

— Mais j'ai subi un traumatisme psychologique. »

Il ne la lâchait pas, elle n'en pouvait plus : « D'accord, je te dois une indemnité. Tu peux choisir n'importe quoi dans ma trousse, sauf mon stylo à plume. »

Shang Hai repoussa fermement la trousse : « C'est la chose dans ton cartable que je veux. »

Jin Ling se rua pour l'empêcher d'accéder à sa table, prête à se défendre héroïquement. « Non, pas question ! dit-elle, le visage empourpré par l'émotion.

— Alors laisse-moi regarder, juste regarder !

— Non ! » Jin Ling affichait une fermeté hors du commun.

Heureusement la sonnerie retentit, le professeur Xing entra, ses livres sous le bras. Jin Ling pensa, soulagée : Cette sonnerie m'a vraiment sauvé la vie !

A la fin du cours, elle sortit à toute vitesse, son cartable dans les bras. Shang Hai la suivit en continuant à la harceler, mais elle s'enfuit sans tourner la tête, courant comme un lapin qui cherche à échapper à un danger.

Ce n'est qu'en préparant le lit de Jin Ling, le soir, que Huizi découvrit la boîte à chaussures qui contenait les vers à soie. La fillette avait caché la boîte sous la couette et, de peur que les vers ne meurent étouffés, avait enfoncé dans la boîte une paille dont l'une des extrémités dépassait de la couette, comme les tubas des plongeurs. Huizi ne s'était d'abord aperçue de rien mais, en tirant sur la couette, elle avait fait tomber la paille, et la boîte avait failli se renverser.

« Qu'est-ce que c'est ? » Huizi, intriguée, ouvrit la boîte : « Ça alors ! D'où sortent ces vers ? »

Elle appela immédiatement Jin Ling pour l'interroger.

Celle-ci dit qu'elle les avait trouvés dans la rue et n'en démordit pas : « J'avais peur qu'ils meurent. Si je ne les ramassais pas, ils allaient mourir. Ils sont si petits ! » insista-t-elle.

Huizi posa violemment la boîte sur le bureau de Jin Ling : « Incroyable ! Tu te mets à ramasser les choses jetées dans la rue maintenant ! Tu sais pourquoi tes camarades n'en voulaient plus ? Parce qu'ils avaient peur que cela ne les accapare trop et affecte leurs résultats scolaires ! »

Jin Ling eut envie de répondre que ce n'était pas ça mais, en voyant la tête de sa mère, elle n'osa rien dire.

Huizi montra du doigt la boîte sur le bureau : « Tu la prends et tu la jettes à la poubelle. Avant la fin des examens, je ne veux pas le moindre animal dans cette maison. »

Jin Ling se mit à cligner des yeux de toutes ses forces, pour les remplir de grosses larmes, en s'efforçant de faire remarquer à sa mère ces larmes qu'elle avait du mal à faire couler.

Huizi resta intransigeante : « Arrête ta comédie, tu n'arriveras pas à m'amadouer. »

Jin Ling ne bougea pas.

Huizi dit : « Tu vas jeter cette boîte ? Tu n'obéis pas ? Tu veux me fâcher ? »

Jin Ling, tête basse, avança à tout petits pas vers le bureau, prit la boîte et, à tout petits pas, alla jusqu'à la porte. Elle marchait tout doucement, car elle espérait attendrir sa mère, la faire changer d'avis.

Mais sa mère ne dit rien.

Sur la terrasse, Jin Ling ouvrit la boîte et versa la dizaine de vers dans la poubelle. A ce moment-là, ses larmes se mirent à couler pour de bon, ses épaules étaient secouées par les sanglots.

Huizi arriva ; elle s'arrêta, bras croisés, à la porte de la cuisine : « Tu les as jetés ? Si oui, va faire tes devoirs. Tu n'as pas encore appris ta leçon d'anglais. »

Jin Ling se dit : Ma mère est vraiment méchante, elle n'a pas de cœur, elle est pire que les marâtres de Cendrillon et de Blanche Neige réunies ! Le visage fermé, elle essuya ses yeux d'un geste, passa à côté de sa mère tête haute, en tapant des pieds par terre en signe de protestation.

« Pense aux voisins ! cria sa mère.

— Je m'en fiche ! » rétorqua-t-elle.

Jin Ling s'assit à son bureau et ouvrit son livre d'anglais. Elle n'arrivait pas à empêcher ses larmes de couler et de tomber sur les pages du livre qui devenaient toutes floues. Elle les essuya avec sa manche, mais à peine avait-elle fini qu'elles se mettaient à couler de plus belle, comme si ses yeux s'étaient transformés en ces robinets modernes qui coulent dès qu'on les effleure. En pleurant, elle pensait, abattue : La vie n'a vraiment pas de sens, à part étudier, il n'y a absolument rien, pas la moindre joie, pas la moindre liberté, mieux vaut être un ver à soie, au moins il y a des enfants comme moi qui les aiment !

Au bout d'un moment, ses pleurs cessèrent. Elle reprit doucement goût à la vie et se dit : Et si j'allais les voir ? Une dernière fois ? Vérifier s'ils sont toujours vivants ?

Elle se leva et sortit de sa chambre sur la pointe des pieds. Elle n'entendait aucun bruit, sa mère était sans doute retournée au salon lire le journal. Comme une ballerine, elle glissa en sautillant sur la pointe des pieds jusqu'à la cuisine, en s'efforçant de faire le moins de bruit possible. Mais en entrant dans la cuisine, elle resta stupéfaite, n'en croyant pas ses yeux : sa mère, accroupie sur la terrasse, une bougie à la main, ressortait un à un les vers à soie de la poubelle pour les remettre dans la boîte à chaussures.

Jin Ling, déconcertée, s'exclama : « Maman ! »

Huizi leva la tête et vit sa fille. Elle eut un petit rire gêné : « Finalement, j'ai pensé qu'il valait mieux les reprendre, ce sont quand même des êtres vivants, non ? »

Jin Ling se précipita sur son dos et l'enlaça par le cou : « Tu es vraiment gentille, je t'adore ! »

Huizi lui tapota la main, pour la faire descendre : « Attention, tu vas me faire mal au dos, tu ne te rends pas compte à quel point tu es lourde !

— Alors, je voudrais une faveur, fais-moi une bise, minauda Jin Ling.

— C'est plutôt à moi de te demander une faveur, rétorqua Huizi.

— D'accord, vas-y. » Jin Ling se redressa sur le dos de sa mère.

« Promets-moi que tu ne négligeras pas tes études à cause des vers à soie. »

Jin Ling regarda sa mère, l'air résolue, et fit gravement oui de la tête.

Une récolte inestimable

Jin Ling s'en voulait car elle n'arrivait jamais à tenir parole. Elle avait promis à sa mère que les vers à soie n'affecteraient pas ses études. Mais les vers une fois à la maison, impossible de ne pas penser à eux ; quand elle faisait ses devoirs, elle les entendait même mâcher leurs feuilles de mûrier. Si elle ne les voyait pas pendant vingt minutes, elle se sentait mal comme si elle allait mourir sur-le-champ.

Quand elle fut allée les voir pour la deuxième fois, Huizi intervint du salon : « Jin Ling, qu'est-ce que tu fais encore ? » cria-t-elle. Jin Ling eut une heureuse inspiration : « Je suis allée aux toilettes », s'empressa-t-elle de répondre.

Les vers à soie étaient dans la cuisine. Pour aller aux toilettes, il fallait passer par la cuisine, la réponse de Jin Ling était donc tout à fait plausible. Tout pouvait être réglementé, sauf les besoins naturels : sa mère ne pouvait pas lui interdire d'aller aux toilettes !

La troisième fois que Jin Ling se rendit aux toilettes, Huizi, qui commençait à avoir des soupçons, vint voir. Jin Ling se rajusta comme si elle sortait des toilettes et leva la tête : sa mère, les bras croisés, l'observait d'un œil inquisiteur.

« Pourquoi tu me surveilles quand je vais aux toilettes ? On n'est pas en prison, que je sache », grommela Jin Ling qui n'avait pas la conscience tranquille.

Huizi demanda, mi-figue mi-raisin : « Tu es vraiment allée aux toilettes ? C'était la grande ou la petite commission ?

— La petite.

— La petite ? Mais je n'ai rien entendu ! »

Jin Ling regretta sa réponse : J'aurais dû dire la grande, pensa-t-elle.

Pour lever les soupçons de sa mère, Jin Ling but alors d'un trait une énorme quantité d'eau, afin de transformer son mensonge en réalité. Une demi-heure ne s'était pas écoulée qu'elle eut vraiment envie de faire pipi. En passant devant la porte du salon, elle cria, magnanime : « Maman, viens écouter ! » Exprès, elle laissa la porte des toilettes ouverte, pour que l'on entende bien le bruit du pipi. Mais sa mère ne vint pas, comme si elle avait percé à jour son petit jeu.

Le samedi, quand Jin Ling sortit pour la dixième fois des toilettes, elle se rendit compte que les vers à soie avaient mangé la dernière feuille de mûrier. Elle s'empressa de dresser un aperçu de la situation à Huizi. Résignée, celle-ci répondit : « Prends un peu d'argent et va en acheter. »

En période de révisions, Jin Ling aimait par-dessus tout aller faire des courses pour sa mère. C'était le seul moment où elle pouvait s'amuser un peu, rendre visite au petit chat tigré jaune, regarder si le marchand de figurines en sucre filé s'était installé avec sa palanche au carrefour, s'il fabriquait de nouvelles sortes de sucettes.

Aujourd'hui, il ne se passait rien d'intéressant, le marchand de sucettes n'était pas là, le petit chat non plus. L'argent bien serré dans sa main, Jin Ling marcha lentement jusqu'à la porte de l'école. Là, elle resta pétrifiée : ce n'était pas possible ! Le vieux monsieur qui vendait des feuilles de mûrier n'était pas là non plus. D'habitude, il était assis devant l'école, à côté d'un grand panier plein de feuilles vertes et luisantes ; il les vendait aux enfants qui lui avaient acheté des vers à soie. Un petit sachet coûtait deux maos, et si l'on se plaignait parce qu'il contenait trop peu, il rajoutait quelques feuilles en riant.

La vieille dame qui tenait l'éventaire de journaux devant l'école dit à Jin Ling : « Pourquoi serait-il venu aujourd'hui ? Il n'y a pas école, il ne vendrait rien !

— Vous savez où il habite ? demanda Jin Ling.

— Je n'en sais rien du tout. Il me semble qu'il vient de banlieue, en bus. »

Jin Ling était paniquée. Comment allait-elle faire ? Où allait-elle trouver des feuilles de mûrier pour les vers à soie ?

Dans la boîte à chaussures, ceux-ci tendaient leurs têtes, en oscillant, comme s'ils disaient : On a faim ! On a faim !

« Je t'avais bien dit de ne pas garder ces vers, reprocha Huizi à Jin Ling. Où trouver un mûrier en ville aujourd'hui ? Il aurait mieux valu ne pas recueillir ces vers, plutôt que de les laisser mourir de faim en cours de route. »

Jin Ling fut profondément blessée par les reproches de Huizi. Elle prit son carnet d'adresses et téléphona à tous ses amis, un à un. Mais que ce soit Yang Xiaoli, Li Xiaojuan, Zhang Lingling ou Liu Yaru, tout le monde lui fit la même réponse, personne n'avait de feuilles de mûrier, personne ne savait où en trouver. Seul Shang Hai répondit d'un ton assuré : « Oui, je sais où il y en a. Chez ma cousine. L'arbre est plus haut que la maison, ses feuilles sont aussi grandes que la main, et ses fruits violet foncé, presque noirs, sont incroyablement sucrés… »

Jin Ling n'en pouvait plus de son bavardage. Elle le coupa avec impatience : « Tu m'expliqueras plus tard, dis-moi juste où se trouve la maison de ta cousine, et comment s'y rendre. »

A l'autre bout du fil, Shang Hai se mit à bredouiller : « Ah ! mais c'est que… c'est que…

— C'est quoi ? cria Jin Ling, énervée.

— C'est que… ma cousine habite assez loin. Il faut aller à la gare routière, faire trois heures de bus. Et après, il faut encore prendre un bac… »

Jin Ling lui raccrocha au nez. Elle était furieuse : ou Shang Hai était débile, ou alors il le faisait exprès, pour se moquer d'elle ! Lundi, à l'école, elle lui réglerait son compte.

Cette nuit-là, Jin Ling dormit mal, elle n'arrêtait pas de faire des cauchemars. Elle rêvait que les vers à soie étaient morts, qu'ils s'étaient transformés en cadavres verdâtres et raidis, que du pus coulait de leurs derrières. Ensuite, elle rêva qu'ils s'étaient déjà métamorphosés en papillons ; l'un à la suite de l'autre, des papillons n'arrêtaient pas de s'envoler de la boîte à chaussures. Toute la maison était remplie de vilaines petites bestioles grises qui se tortillaient, ses parents et elle étaient obligés de se réfugier dans les toilettes, de se barricader derrière la porte, et de faire le 110 pour appeler police secours.

Au milieu de la nuit, Jin Ling se réveilla. Elle enfila ses pantoufles et se rendit à la cuisine pour voir les vers. Elle y trouva Huizi, toute décoiffée, penchée au-dessus de la boîte. En relevant la tête, celle-ci aperçut sa fille : « Les pauvres ! soupira-t-elle.

— Ils vont mourir ? demanda Jin Ling au bord des larmes.

— Ce sont peut-être des organismes vivants extrêmement résistants ? » hésita Huizi.

Sur ces entrefaites, son père arriva aussi : « On pourrait essayer de leur donner des feuilles de laitue, suggéra-t-il. Moi aussi, j'ai élevé des vers quand j'étais petit, je crois me rappeler qu'on pouvait remplacer les feuilles de mûrier par de la laitue.

— Mais oui ! applaudit Huizi. Comment n'y ai-je pas pensé ? Moi aussi ça me dit quelque chose. »

Le lendemain matin, Huizi se rendit au marché avant six heures. C'était justement la saison de la laitue ; comme, en Chine, on ne mange que la tige de la salade montée et pas les feuilles, il suffit à Huizi de se baisser pour ramasser des feuilles de laitue jetées par terre. Elle revint vite à la maison, rinça les tendres feuilles de salade, puis les sécha, avant de les déchirer en petits bouts qu'elle répandit dans la boîte. Jin Ling et ses parents, penchés ensemble au-dessus de la boîte, attendaient avec anxiété que le miracle se produise.

Mais le miracle n'eut pas lieu, les vers à soie ne firent absolument pas honneur à la salade : ils montrèrent la plus parfaite indifférence à l'égard des tendres feuilles de laitue posées à côté d'eux. Ils continuaient à tendre leurs têtes en se balançant de manière pitoyable.

Jin Yiming, indigné, les tança : « Vous êtes trop gâtés ! Beaucoup trop gâtés ! Incapables du moindre effort !

— Exactement ! renchérit Huizi. Gâtés comme les enfants uniques d'aujourd'hui. Tout à fait à l'image de leur propriétaire. »

Jin Ling prit la défense des vers : « Ils n'osent pas manger de la salade car ils n'en ont jamais vu. Si on vous proposait de manger une plante sauvage que vous n'avez jamais vue, vous le feriez ?

— Ça dépend, si je mourais de faim, oui, répondit son père. Entre mourir et manger quelque chose de bizarre, je choisirais évidemment la deuxième solution. »

Huizi rit : « C'est vraiment accorder beaucoup de considération à ces vers ! Ce ne sont pas des êtres humains, ils sont incapables de raisonnement. »

Pendant qu'ils discutaient, Jin Ling en profita pour sortir en douce de la maison. Elle était décidée à trouver coûte que coûte des feuilles de mûrier pour les vers à soie ; même si elle devait fouiller toute la ville ou mendier, elle voulait leur sauver la vie.

« Jin Ling ! Jin Ling ! Le chat jaune est à la maison aujourd'hui, il t'attend, l'interpella en riant la patronne de l'un des étals de la ruelle.

— Je n'ai pas le temps », répondit Jin Ling. Après quelques pas, elle se retourna : « Il n'y aurait pas un mûrier chez vous ?

— Un mûrier ? fit la patronne, interloquée, il n'y a même pas un brin d'herbe, alors un mûrier… »

Jin Ling la planta là, et continua son chemin.

Elle prit la direction opposée à l'école et traversa plusieurs ruelles. A chaque maison, elle s'arrêtait pour regarder à travers les interstices du portail si, à l'intérieur, il n'y avait pas ce qu'elle cherchait. Certaines maisons étaient entourées de petits murs : elle se mettait sur la pointe des pieds, les escaladait et, d'en haut, inspectait les jardins.

Au moment où elle grimpait sur l'un de ces murs, une main l'attrapa par le col et la tira brutalement en bas. Jin Ling, qui ne s'y attendait pas, perdit l'équilibre et se retrouva assise par terre sur les fesses.

C'était une responsable du comité de quartier, une vieille femme avec un brassard rouge. Elle la soumit à un interrogatoire : « Qu'est-ce que ça veut dire ? Qu'est-ce que tu faisais sur ce mur ?

— Je cherchais des feuilles de mûrier… expliqua Jin Ling.

— Des feuilles de mûrier ? Comme s'il y avait des mûriers en ville ! Tu me prends pour une imbécile ? Inutile de mentir ! Hier, quelqu'un a été cambriolé dans cette rue… »

Jin Ling était folle de rage. On la soupçonnait d'être une voleuse ! On la prenait pour une cambrioleuse ! C'était vraiment trop ! Profitant d'un moment d'inattention de la vieille femme, elle se libéra d'un coup d'épaule, l'esquiva de la tête, et comme un poisson lui glissa des mains. Elle prit ses jambes à son cou et, de loin, se retourna pour crier : « Oui, je suis une voleuse ! Viens donc m'attraper, attrape-moi ! »

La femme ne se laissa pas prendre à son petit jeu, elle abandonna la partie et pénétra, en marmonnant, dans une maison voisine.

Après avoir traversé une autre rue, Jin Ling aperçut un portail en fer dont la partie supérieure était constituée de barreaux. Elle s'y accrocha pour regarder à l'intérieur. C'était une très vieille maison, avec un jardin. La maison était toute petite, avec un toit pointu et des fenêtres rondes à l'encadrement en bois. Du toit sortait une fine cheminée. On aurait dit une maison de conte de fées. Le petit jardin, rempli de fleurs, était magnifique en ce début d'été : il y avait des roses d'un rouge violacé, des sauges qui dansaient comme des flammes, des impatientes d'un rose pastel à l'air coquet, des iris dressant fièrement leurs têtes, des pensées qui riaient sous cape cachées dans l'herbe. Le regard de Jin Ling arriva au coin du mur : mais… ce grand arbre appuyé immobile au mur, qui veillait les fleurs comme un grand frère, n'était-ce pas un mûrier ? L'arbre portait déjà, au milieu de ses feuilles charnues et rebondies, des mûres vertes ; on aurait dit des boutons d'acné sur le visage d'un adolescent.

Jin Ling, tout excitée, faillit pousser un cri de joie. Son cœur se mit à battre la chamade. Elle imaginait déjà la tête de ses petits vers quand ils mangeraient ces tendres feuilles de mûrier, la sève verte des feuilles coulerait dans leurs petits corps blancs translucides, ils reprendraient des forces, grandiraient... Elle mit la main devant sa bouche, pour ne pas éclater de rire.

Le jardin était désert, le portail hermétiquement clos. Jin Ling examina la porte, elle était assez haute mais, en s'aidant des barreaux, on pouvait l'escalader sans problème.

Jin Ling s'accrocha aux barreaux pour passer par-dessus le portail. Elle était très anxieuse, car elle avait peur d'être à nouveau attrapée, qu'on la prenne pour une voleuse et qu'on la batte. Mais comme c'était la première fois de sa vie qu'elle se lançait dans ce genre d'aventure, elle était aussi contente et éprouvait une certaine excitation. Elle avait l'impression d'être une sorte de Zorro. Personne ne passa dans la rue à ce moment-là : elle atterrit sans encombre et en douceur dans le jardin.

Les feuilles du mûrier étaient toutes vertes, très charnues et très tendres ! Elle en cassa doucement une entre ses doigts, et examina la partie bombée, saturée de sève. Les feuilles cueillies pour nourrir les vers à soie se dessécheront rapidement, pensa-t-elle. Elle avait de la peine pour le mûrier, car elle allait lui faire du mal. Aussi resta-t-elle debout, hésitante, à côté de l'arbre, n'arrivant pas à se décider à prendre des feuilles.

« Qui est-ce ? Qui est là ? » demanda soudain une voix éraillée.

Jin Ling sursauta et devint toute pâle. Instinctivement, elle s'accroupit pour se cacher derrière les branches de l'arbre.

« Inutile de te cacher, je t'ai vue », continua la voix.

Jin Ling n'avait pas le choix : elle se releva à contrecœur. Tête basse, elle n'osait affronter du regard la personne. On allait la gronder, peut-être même la frapper. Si on essayait de la frapper, il faudrait s'enfuir.

Mais par où ? En escaladant le portail dans l'autre sens ?

« Comment es-tu entrée ? Pourquoi cueilles-tu mes feuilles de mûrier ? » La voix était maintenant toute proche. Jin Ling jeta un regard à la dérobée. Elle fut immédiatement rassurée : c'était une vieille dame aux cheveux tout blancs qui avait du mal à marcher et s'aidait d'une canne ! Ha, ha ! si cette vieille dame pensait qu'elle allait l'attraper, elle se trompait lourdement !

Mais, même si la vieille dame avait besoin d'une canne pour marcher, elle se tenait très droite et son visage en imposait. Elle fixa Jin Ling d'un œil perçant et lui demanda très fermement : « C'est à toi que je parle ! Pourquoi prends-tu mes feuilles de mûrier ? »

Jin Ling la défia délibérément : « Et pourquoi pas ? dit-elle en la regardant de biais. Il n'y a pas votre nom sur l'arbre !

— Ah ! effrontée en plus ! s'exclama la vieille dame. Comment t'appelles-tu ? Dans quelle école es-tu ? »

Jin Ling pensa : Il faudrait être bien bête pour répondre. Pour qu'ensuite tu téléphones à l'école pour me dénoncer. Jin Ling serra les lèvres, redressa la tête, et ne pipa mot.

« Tu ne réponds pas ? Si tu ne réponds pas, je ne te laisserai pas repartir. Suis-moi ! »

Jin Ling n'avait aucune envie de la suivre, mais ses pieds bougeaient malgré elle, comme si la vieille dame les avait ensorcelés.

Elle suivit la vieille dame qui, appuyée sur sa canne, avançait d'un pas énergique et vaillant, comme un général rentrant victorieux de campagne. Jin Ling marchait la tête basse, abattue et renfrognée, comme un petit soldat fait prisonnier.

Dans la maisonnette, d'un geste, la vieille dame lui intima de s'asseoir sur une chaise et, debout devant elle, lui fit face.

« Je t'ai dit que je ne te laisserai pas repartir. Tu dois me dire la vérité, si tu mens je le devinerai tout de suite. Alors ? » La vieille dame clignait des yeux, l'air très contente d'elle, avec un regard à la fois rusé et perçant.

« Je n'ai pas menti ! protesta Jin Ling. Pourquoi mentirais-je ? Vous profitez de votre mûrier pour m'embêter. Votre mûrier est tellement grand, il porte des centaines, des milliers de feuilles, je peux bien en prendre une dizaine ! Sinon mes vers à soie vont mourir de faim, ils n'ont rien eu à manger depuis hier ! Ils vont... vraiment... mourir de faim... »

Jin Ling, à la fois terrorisée et vexée, était suffoquée par les sanglots. Elle pensait : Il ne faut pas pleurer devant des inconnus, il faut se contrôler, se contrôler. Mais ces maudites larmes n'obéissaient pas, elles continuaient à tomber l'une après l'autre, comme les perles d'un collier cassé.

Avec effort, la vieille dame se pencha pour scruter le visage de Jin Ling et demanda, un peu étonnée : « Tu pleures ? Tu trouves que je t'embête ? »

Jin Ling essuya rapidement ses larmes du bras, et répondit en crânant :

« Qui pleure ? Pour qui vous prenez-vous, espère de radine ?!

— Je ne suis pas radine, protesta la vieille dame, mais je n'aime pas qu'on vienne se servir chez moi sans me demander la permission. Imagine que tu sois à ma place, tu apprécierais ?

— Je me doutais que vous ne seriez pas d'accord… dit Jin Ling d'une petite voix.

— En général, bien sûr, je ne suis pas d'accord. Mais…

— Mais c'est une urgence ! Vraiment ! » Jin Ling la regarda d'un air implorant : « Mes vers ont trop faim, ils sont proches de l'agonie ! »

La vieille dame éclata de rire : « Tu as du vocabulaire ! Bon, dis-moi la vérité, comment t'appelles-tu ? Où vas-tu à l'école ?

— Vous allez téléphoner à mon école ?

— Non, j'ai juste envie de savoir. Ça fait partie de mes habitudes. »

Jin Ling donna son nom d'une voix faible, et dit qu'elle était en dernière année à l'école primaire de la rue Xinhua.

« Qui est ton professeur principal ?

— Le professeur Xing. »

La vieille dame rit à nouveau : « Je la connais. »

Jin Ling se leva : « Comment est-ce possible ?

— Et pourquoi pas ? répondit la vieille dame, très contente d'elle. Le professeur Xing a été mon élève. »

Oh ! là, là ! soupira intérieurement Jin Ling. C'était trop, vraiment trop ! Elle avait essayé de voler des feuilles de mûrier chez le professeur de son professeur !

La vieille dame demanda avec sollicitude : « Si tu es en dernière classe de primaire, tu vas bientôt passer l'examen d'entrée en collège ? »

Jin Ling se rappela tout d'un coup qu'elle avait encore un tas de devoirs à terminer à la maison, qu'elle était sortie sans rien dire à ses parents. En pensant aux devoirs, son cœur se serra et devint lourd comme s'il était congelé.

« Tu voudrais entrer dans quel collège ? Le professeur Xing vous a-t-il déjà fait remplir le formulaire ?

— Oui. Ma mère veut que j'entre dans un bon collège.

— Ta mère ? » La vieille dame fixa Jin Ling avec intérêt. « Mais toi, qu'est-ce que tu en penses ?

— Je ne sais pas. Moi aussi, j'ai envie d'aller dans un bon collège, mais je pense que je n'y arriverai pas forcément. Je ne suis pas bonne élève.

— Comment ça ?

— Je ne suis pas bonne, surtout en maths. Je n'ai jamais fait partie des dix premiers. Enfin si, une fois, en deuxième année, cette fois-là seulement. »

La vieille dame la regardait, pensive : « Tu es très franche. J'aime ça. »

Tu aimes ça, et alors ? pensait Jin Ling. Tu n'es pas directrice de collège.

« Raconte-moi quelque chose d'amusant sur ta classe », demanda la vieille dame.

Jin Ling était angoissée, elle redoutait de se faire gronder par sa mère si elle rentrait trop tard et n'avait pas trop envie de raconter quelque chose. Mais d'un autre côté, si elle ne disait rien, la vieille dame risquait de ne pas lui donner de feuilles de mûrier, aussi s'efforça-t-elle de trouver quelque chose à dire.

Jin Ling raconta plusieurs histoires sur sa classe, mais la vieille dame ne rit pas du tout. Au contraire, elle la regardait d'un air de plus en plus sévère, au point que Jin Ling commençait à avoir peur. Ensuite elle expliqua comment Zhang Lingling avait avalé par mégarde le ver à soie. La vieille dame se mit à rire : « Ah ! c'est comme ça que tu as eu tes vers… »

Jin Ling se sentit pousser des ailes, sa nature optimiste prit le dessus et son visage s'anima. Souriante, les lèvres rouges et brillantes, elle parla de plus en plus vite et de manière de plus en plus amusante.

« Une fois, la prof d'anglais a interrogé Li Lin. Li Lin, c'est le cancre de la classe, sa mère a même fait faire une attestation qui prouve qu'il est retardé. La prof a dit : « Li Lin, *what's your name ?* » Li Lin a répondu : « Boli. » Boli, c'est le nom d'un oiseau dans notre livre d'anglais. Toute la classe était morte de rire. A ce moment-là, le gros Yu Pang, qui était en train de manger des biscuits en cachette, a recraché en s'esclaffant toutes les miettes qu'il avait dans sa bouche, manquant de toucher le visage de la prof. La prof, très en colère, s'est mise à trépigner de rage sur l'estrade. Mais comme l'estrade était vieille et le bois pourri, le talon aiguille de l'une de ses chaussures s'est fiché dans le bois. Elle avait beau faire, impossible de l'en ressortir. Finalement, le gros Yu Pang s'est porté à son secours et l'a aidée à décoincer sa chaussure. »

La vieille dame, appuyée des deux mains sur sa canne, était pliée de rire. Jin Ling riait aussi. La vieille dame et la petite fille riaient ensemble.

« Et puis, les professeurs aiment bien crier sur les élèves. Quand le professeur Xing crie, elle caquète comme une poule. Le professeur de maths, M. Zhang, ressemble à un corbeau : en plein silence, tout d'un coup, il pousse des cris de corbeau. Mais la plus amusante est la prof d'anglais, elle ressemble à une chenille, elle ponctue chacune de ses phrases d'un mouvement de la tête… »

La vieille dame riait aux larmes, elle s'essuya les yeux avec un mouchoir : « Arrête, je n'en peux plus ! supplia-t-elle. Si tu continues à me faire rire comme ça, mon dentier va tomber.

— D'accord, je raconterai la suite une autre fois. »

Appuyée sur sa canne, la vieille dame accompagna Jin Ling au pied du mûrier et l'autorisa à cueillir exactement dix feuilles, pas une de plus, pas une de moins. « Je te propose un marché, dit-elle en souriant. Tous les jours, après l'école, je te donnerai une demi-heure de cours de maths et, en échange, tu pourras avoir dix feuilles de mûrier.

— Vous, un cours de maths ? dit Jin Ling.

— Tu ne m'en crois pas capable ? Avant d'être à la retraite, j'avais le titre de professeur d'école primaire hors classe, j'étais spécialement chargée de l'enseignement des mathématiques pour les dernières années. Je suis Mme Sun, tu peux m'appeler grand-mère Sun. »

Jin Ling, tête penchée, réfléchissait : « Je ne pourrais pas avoir vingt feuilles ? Les vers vont grandir, ils mangeront de plus en plus. »

Grand-mère Sun se retint de rire : « D'accord, va pour vingt feuilles, je te fais une faveur. Mais j'y mets une condition supplémentaire : il ne faudra rien dire à l'école ou à la maison, ni à ton père, ni à ta mère.

— Pourquoi ? demanda Jin Ling. On ne fera rien de mal.

— C'est pour sauvegarder ma réputation ! » Grand-mère Sun imita le ton de Jin Ling : « Si, malgré mes cours particuliers, tu ne fais pas partie des meilleurs, tu me ferais perdre la face ! C'est pour cela que la chose doit rester secrète. »

Jin Ling était très excitée. Mais un problème pratique lui vint immédiatement à l'esprit : « Venir à l'insu de mes professeurs, pas de problème, mais pour ma mère, ça va être plus difficile. Si je rentre tous les jours en retard, elle va me poser des questions. Qu'est-ce que je vais répondre ? »

Grand-mère Sun réfléchit : « Tu n'as qu'à dire que ton professeur te donne des cours de rattrapage. Exceptionnellement, tu feras un petit mensonge. Et puis, ce ne sera pas vraiment un mensonge, puisque tu suivras vraiment des cours, avec un vieux professeur. »

Jin Ling était tout à fait tranquillisée. Ses précieuses feuilles de mûrier en main, elle se préparait à partir en sautillant. Arrivée à la porte, quelque chose lui vint soudain à l'esprit. Elle se retourna vers grand-mère Sun : « Une dernière question... Pourquoi avez-vous décidé de m'aider ?

— Parce que je t'aime bien, répondit solennellement grand-mère Sun. Aider les gens que j'aime bien me fait plaisir. Ça te va comme réponse ? »

Jin Ling eut une exclamation et répondit comme si elle chantait : « Moi aussi, je vous aime bien ! »

Maman joue au détective

Un après-midi, pendant une réunion au magazine où travaillait Huizi, la vieille Mme Yu n'en finissait plus de discourir : sur les articles à réunir pour le prochain numéro, la maquette, la publicité à trouver, etc. A la fin de la réunion, quand Huizi regarda sa montre, il était déjà six heures. Elle dit à Mme Yu : « Je dois y aller, ma fille n'a pas de clés, elle risque de se retrouver à la porte. »

Mme Yu lui mit immédiatement le grappin dessus : « Une dernière chose, pour la photo de couverture…

— Il n'y a qu'à mettre la vôtre… » répondit sèchement Huizi.

Mme Yu prit les autres à témoin, en secouant la tête : « Zhao Huizi ne serait-elle pas arrivée à l'âge de la ménopause ? Cela expliquerait qu'elle soit toujours de mauvaise humeur ces temps-ci… »

Huizi la laissa dire, elle n'avait pas de temps à perdre. Elle se précipita au parking à vélos, et en sortit en poussant sa bicyclette qu'elle enfourcha pour pédaler à toute vitesse vers la maison. Pas question d'arriver en retard. Tous les soirs, après dîner, Jin Ling avait un tas de devoirs à faire : en anglais, des mots de vocabulaire à apprendre par cœur ; en chinois, un résumé de texte et des expressions à apprendre par cœur également ; en maths, des exercices auxquels s'ajoutait quelquefois encore du calcul mental ou un problème. Au pire, il y avait aussi une rédaction à faire en chinois. Jin Ling aurait alors les yeux rouges de sommeil comme un lapin ; elle aurait beau se les frotter, cela ne servirait à rien, ils se fermeraient tout seuls. Huizi avait spécialement acheté plein de collyres pour sa fille, auxquels elle pouvait recourir en cas de besoin.

Passé six heures, les rues n'étaient plus trop bondées. Au carrefour près de la maison, Huizi aperçut Li Xiaojuan, l'une des camarades de Jin Ling. Debout sous un arbre au bord du trottoir, son sac sur le dos, elle regardait en l'air. Huizi se demanda ce qu'elle faisait ; en s'approchant, elle s'aperçut que sur l'arbre il y avait une chenille jaune et verte suspendue à un long fil très fin : elle descendait de l'arbre en se balançant tranquillement.

Huizi sauta à bas de son vélo et dit à Li Xiaojuan : « Ne la touche surtout pas, certaines chenilles sont venimeuses. »

Li Xiaojuan se retourna en souriant poliment : « Je sais, madame. Je l'observe pour en parler dans mon journal. Aujourd'hui, le professeur a lu en classe une rédaction de Jin Ling sur les vers à soie qui était vraiment bien. »

Cela fit très plaisir à Huizi. Toutes les mères aiment entendre des compliments sur leurs enfants. A ce moment-là, Huizi se souvint que Li Xiaojuan suivait les cours de rattrapage de maths avec Jin Ling. Elle lui demanda : « Jin Ling est déjà rentrée ?

— Ça fait un moment, répondit Li Xiaojuan. Moi je rentre plus tard car j'étais de corvée de rangement à l'école.

— Mais le professeur Zhang ne vous garde-t-il pas tous les soirs pour des cours de rattrapage en maths ? » s'étonna Huizi.

Li Xiaojuan était encore plus étonnée : « Le professeur Zhang ? Non, il n'a jamais donné de cours de rattrapage. »

Catastrophe, se dit Huizi, il y a un vrai problème, Jin Ling ne reste pas à l'école après les cours ! Elle planta là Li Xiaojuan et pédala vers l'école.

Il était déjà six heures et demie, le terrain de sport et la cour de récréation étaient déserts. Les derniers rayons du soleil couchant frappaient le bâtiment dont les fenêtres closes reflétaient des nappes de lumière dorée. Huizi se précipita à l'intérieur de l'école et aperçut l'horloge que le directeur de l'école avait fait fabriquer pour compter à rebours les jours jusqu'à la date des examens. Elle indiquait « 36 jours », un chiffre qui donnait la chair de poule. Huizi monta les escaliers quatre à quatre. Les premier, deuxième et troisième étages étaient complètement déserts. Mais au quatrième, l'étage des classes de fin d'études primaires, restaient encore quelques élèves qui terminaient leurs devoirs. Deux professeurs montaient la garde, complètement immobiles comme deux pagodes : assis tout droits à leur bureau, ils attendaient que les élèves aient fini. Quand, à tour de rôle, ceux-ci leur remettaient leurs devoirs, ils les vérifiaient et, si ça convenait, les libéraient d'un geste de la main.

De l'extérieur, Huizi inspectait les deux salles : il n'y avait aucun élève de la classe de Jin Ling.

Un des professeurs avait remarqué Huizi qui tendait le cou pour voir à l'intérieur ; il sortit et s'enquit de ce qu'il pouvait faire pour elle. Huizi demanda si le professeur Zhang, de la classe numéro un, était encore là. Le professeur répondit en souriant : « Sa femme est sur le point d'accoucher, il ne reste pas le soir. »

Huizi descendit l'escalier d'un pas chancelant, elle avait les jambes en coton. Où pouvait bien aller Jin Ling tous les soirs ? Pourquoi mentait-elle ? Que trafiquait-elle ?

Plus elle y pensait, plus elle avait peur, elle n'osait réfléchir davantage.

Quand, folle de rage, Huizi arriva à la maison, Jin Yiming était déjà rentré. Il était à la cuisine, en train d'essayer maladroitement de préparer du riz. Jin Ling, debout à côté de l'évier, lui donnait des instructions ; elle avait encore son cartable sur le dos, de toute évidence elle venait de rentrer. Le père et la fille discutaient et riaient ensemble gaiement.

Huizi cria : « Jin Ling, viens ici ! »

Jin Yiming et Jin Ling passèrent leur tête à la porte de la cuisine en même temps, tout étonnés. En voyant le visage fermé de sa mère, Jin Ling n'osa pas désobéir ; elle sortit à contrecœur de la cuisine : « Qu'y a-t-il, maman ? »

Huizi la bombarda de questions : « A quelle heure es-tu sortie de l'école ? Es-tu tout de suite rentrée à la maison ? Où es-tu allée ? Où vas-tu tous les jours après l'école ? » Quand Huizi, relevant la tête, aperçut Jin Yiming qui sortait à son tour de la cuisine, sa colère décupla : « Tu ferais mieux de t'occuper de ta fille ! Demande-lui un peu ce qu'elle fait tous les soirs ! »

Jin Yiming était interloqué : « Ce qu'elle fait ? Elle suit des cours de rattrapage, non ?

— Réponds, Jin Ling, tu suis des cours de rattrapage ?

— Oui, se rebiffa Jin Ling, je suis des cours de rattrapage.

— Je viens de l'école, le professeur Zhang était parti depuis longtemps. Je suis aussi tombée sur Li Xiaojuan qui m'a dit qu'il n'y a jamais eu de cours de rattrapage. Que réponds-tu à cela ? »

Jin Ling baissa la tête et ne souffla mot.

« Si tu veux t'amuser, tu n'as qu'à me le dire, dit Huizi d'un ton chagrin. Je n'ai rien contre un peu de temps libre, mais je ne supporte pas qu'on mente…

— Je n'ai pas menti ! la coupa sa fille. C'est la vérité ! Sinon, pourquoi mes résultats en maths se seraient-ils améliorés ? »

Effectivement, Jin Ling avait eu d'excellents résultats aux deux derniers tests de maths.

Jin Yiming s'empressa de la soutenir : « C'est vrai, c'est vrai, c'est une réalité indéniable.

— Peut-être y a-t-il une autre explication », dit Huizi en jetant un regard noir à Jin Yiming car elle lui en voulait de ne pas coopérer à ses efforts pédagogiques.

« Tu ne me fais pas confiance, se plaignit tristement Jin Ling. Tu penses toujours que je suis une bonne à rien, même mes bonnes notes, tu n'en tiens pas compte. »

Huizi, qui voyait que Jin Ling allait se mettre à pleurer, se demanda s'il fallait la croire ou non. Dans le doute, elle questionna : « Mais pourquoi ne veux-tu pas me dire la vérité ? Où vas-tu à la sortie de l'école ?

— Maman, permets-moi d'avoir un secret, d'accord ? la supplia Jin Ling. Tous les adultes ont des secrets, pourquoi pas moi ? Je jure que je ne fais rien de mal. »

Jin Yiming, tout sourire, s'interposa : « Allez, maman est d'accord. Tu as parfaitement le droit d'avoir un secret. Quand le moment sera venu, tu le lui diras, n'est-ce pas, Jin Ling ?

— Promis ! »

Les vers à soie avaient tous tissé leur cocon : il y en avait un jaune pâle, un jaune d'or, un orange ; les autres étaient tous blancs comme neige. Certains cocons étaient parfaitement ovales, d'autres étaient bombés aux extrémités et plus fins au milieu comme une cosse d'arachide, d'autres encore avaient la forme d'un œuf, avec un bout plus gros que l'autre. Quand on prenait un cocon en main et qu'on le secouait, quelque chose bougeait dans l'enveloppe rigide. Huizi expliqua à Jin Ling qu'à l'intérieur se trouvaient les chrysalides, qu'on pouvait les manger en les faisant frire, que c'était très riche en protéines, qu'on en servait même dans les restaurants.

« Mais ils sont vivants ! C'est vraiment inhumain ! » s'exclama Jin Ling, ulcérée.

Elle mit les cocons dans un sachet plastique qu'elle rangea dans son cartable. Huizi lui demanda ce qu'elle faisait, elle répondit qu'elle voulait les montrer à quelqu'un.

« Surtout, ne joue pas avec eux en cours, sinon le professeur va te les confisquer.

— Comme si je n'étais pas capable de me contrôler ! » répondit Jin Ling avec insouciance.

Huizi, amusée, pensait : Si tu l'étais, ça se saurait.

Au travail, Huizi reçut un coup de téléphone de Xinlan qui lui dit que, cette année, l'Ecole des langues étrangères ouvrait une classe payante, à raison de quarante mille yuans par élève. Beaucoup d'enfants étaient déjà inscrits, si elle voulait, elle pouvait l'aider à y faire entrer Jin Ling.

« Quarante mille yuans ? s'exclama Huizi, stupéfaite. Mais l'année dernière, ce n'était que vingt-cinq mille yuans, non ? »

Xinlan se mit à rire : « On ne revient jamais en arrière… Tout augmente d'année en année ! »

Xinlan semblait être devenue membre de l'Ecole des langues étrangères.

Huizi songea qu'en se serrant la ceinture, ils auraient pu payer vingt-cinq mille yuans, mais quarante mille, c'était impossible : les frais scolaires payés, ils n'auraient plus de quoi vivre. Et plus tard, Jin Ling devrait encore aller au lycée, à l'université. Si c'était chaque fois aussi cher, ils n'y arriveraient pas, même si on les écorchait vifs, elle et Jin Yiming.

« Ce n'est pas la peine, je préférerais qu'elle réussisse le concours, répondit Huizi à Xinlan. Si elle ne l'a pas, tant pis, pas de chance pour elle d'être née dans une famille ordinaire comme la nôtre.

— Mais autrefois, tu t'étais juré qu'elle ferait cette école… s'exclama Xinlan.

— Autrefois, c'était autrefois. J'ai revu mes ambitions à la baisse, je tiens davantage compte de la réalité aujourd'hui. »

La vieille Mme Yu, qui avait tout entendu, approuva : « Bien dit ! Inutile de s'engager dans une impasse. Les collèges moyens sont très bien.

— On souhaite toujours le mieux, pas le pire ! » soupira Huizi. Son visage affichait une profonde déception.

A la sortie du travail, au crépuscule, Huizi ne rentra pas directement à la maison, mais fit un crochet par le marché pour faire quelques courses. Elle était en train de marchander avec un vendeur de poissons, les yeux fixés sur l'étalage, quand elle aperçut soudain du coin de l'œil une grosse silhouette sautillante. Elle releva la tête et cria : « Jin Ling ! »

Jin Ling ne s'attendait pas du tout à tomber sur sa mère à cet endroit ; elle resta pétrifiée. Son lourd cartable sur le dos, le sachet de cocons à la main, l'expression joyeuse de son visage se figea en un sourire gêné.

Huizi dit : « Qu'est-ce que tu fais ici, au lieu de faire tes devoirs à la maison ? »

Jin Ling ouvrit la bouche pour répondre quand Huizi ajouta d'un ton sévère : « Et ne me raconte pas que tu suis des cours de rattrapage ! Je ne pense pas que ton professeur habite ici ! »

En grimaçant, Jin Ling s'efforça de faire un sourire charmeur : « Je n'ai jamais dit que mon professeur habitait ici ! Tu sais, avec des camarades… on a formé un petit groupe… » Soudain, elle eut l'air d'apercevoir quelque chose ; les yeux écarquillés, elle montra du doigt à sa mère : « Regarde, maman ! Il y a un camion de tomates qui arrive ! »

Machinalement, Huizi regarda dans la direction indiquée. En effet, on déchargeait un camion de tomates. Il était déjà pris d'assaut par une foule de personnes, car le prix de ces tomates, subventionnées par l'Etat, était beaucoup moins élevé que ceux pratiqués par les petits marchands privés. Huizi avait de la chance d'être tombée au bon moment.

Elle s'avançait vers le camion quand elle se souvint de Jin Ling. Mais elle eut beau la chercher des yeux, elle avait disparu ! La coquine en avait profité pour prendre la tangente. Huizi était à la fois amusée et irritée.

A la maison, Huizi nettoya et lava les légumes. Jin Ling arriva alors qu'elle était en train de finir. Comme Jin Ling s'attendait à être grondée, elle avait écrit en grand sur une feuille : « Il faut tenir parole ! » et, juste avant d'entrer dans l'appartement, avait enfilé la feuille sur un bâton. Quand sa mère ouvrit la porte, elle faillit prendre la pancarte en pleine figure.

De mauvaise humeur, Huizi dit : « Tu avais peur que je te demande où tu allais après l'école, n'est-ce pas ? Mais je n'en avais absolument pas l'intention. »

Jin Ling rangea sa feuille et son bâton, et rentra tête basse. Elle n'osa pas clamer qu'elle avait faim, et encore moins entrer dans la cuisine pour savoir ce qu'il y avait à dîner. Elle se rendit immédiatement dans sa chambre et, sans un mot, ouvrit son cartable et se mit à ses devoirs.

Devant l'attitude exemplaire de Jin Ling, Huizi qui avait prévu de la réprimander se trouva prise de court, et resta seule à la cuisine, morose, pour préparer le dîner.

Pendant le repas, ni la mère ni la fille ne prononcèrent un mot, chacune était plongée dans ses pensées. Jin Ling priait pour que sa mère ne l'oblige pas à avouer son secret, car elle ne voulait pas manquer à la promesse qu'elle avait faite à grand-mère Sun. Huizi ruminait un plan pour découvrir la vérité, pour savoir où Jin Ling se rendait après les cours. Que sa fille rate ses études n'était pas le pire ; si jamais elle tombait dans de mauvaises mains, Huizi, en tant que mère, risquait de le regretter amèrement toute sa vie. Surtout que Jin Ling était une petite fille appétissante et mignonne.

Jin Yiming ne se rendait pas compte de l'ambiance pesante qui régnait à table, car il était très énervé ce soir-là. La police était venue dans son département arrêter un étudiant en doctorat. Celui-ci, après avoir volé un ordinateur dans un magasin, avait tué sans le moindre scrupule un témoin qui l'avait aperçu.

« Quelle leçon ! Quelle leçon ! » Jin Yiming fixait Jin Ling en parlant : « C'était un étudiant extrêmement brillant, il avait été reçu premier au concours d'entrée dans notre département ! Et il a commis un meurtre. Il paraît que sa mère s'est évanouie en apprenant la nouvelle. Personne ne peut supporter un choc pareil. C'est tellement difficile de former quelqu'un, et en s'engageant sur le mauvais chemin, on se détruit et on détruit sa famille ! Tout cela prouve qu'avoir de bons résultats scolaires n'est pas l'essentiel, le plus important est de se conduire en homme digne de ce nom. »

Huizi était toute blanche. Les paroles de Jin Yiming renforçaient encore son inquiétude ; elles la décidèrent à rompre la promesse qu'elle avait faite à Jin Ling et à percer son secret. Elle regarda la fillette à la dérobée, celle-ci était aussi en train de l'observer. Elles détournèrent vite toutes les deux leur regard, faisant comme si de rien n'était.

Le lendemain, Huizi quitta son travail avant cinq heures. Elle ne passa pas par le marché mais se rendit directement à l'école primaire de la rue Xinhua, où elle se dissimula avec son vélo derrière un arbre, au milieu de personnes âgées qui attendaient leurs petits-enfants.

Une vieille dame à l'air affable, qui trouvait le temps long, l'apostropha : « Votre enfant est en première ou en deuxième année ? Ses grands-parents ne sont pas là pour s'en occuper ? »

Huizi répondit de manière vague. La vieille dame continua à marmonner pour elle-même que les enfants terminaient trop tard, qu'ils avaient trop de devoirs à faire…

Des élèves commençaient à sortir de l'école, par groupes. C'était ceux des petites classes : ils avançaient en rangs sages et, après avoir traversé la rue, disaient au revoir au professeur qui les avait accompagnés d'un geste de la main. La vieille dame accueillit son petit-fils en le débarrassant immédiatement de son cartable ; puis elle lui donna une saucisse à manger, et ils partirent tous les deux en se donnant la main.

Une demi-heure plus tard, ce fut le tour des enfants des classes moyennes. Ils étaient loin d'être aussi disciplinés que les petits, on aurait dit qu'ils avaient des ressorts sous les pieds : tout leur corps bougeait en marchant, ils n'arrêtaient pas de tourner leur tête dans tous les sens pour échanger des plaisanteries, ou alors jouaient au foot avec les cailloux sur leur chemin. Le professeur qui les accompagnait, épuisé par sa journée, n'avait plus la force de sévir, il veillait seulement à ce qu'ils restent sur le trottoir.

Ce n'est qu'après six heures que les élèves de dernière année commencèrent à apparaître, petit à petit. Ils n'étaient pas en rangs, et sortaient une fois terminés les devoirs qu'ils devaient faire en étude ; ceux qui étaient rapides étaient libérés en premier, les plus lents en dernier. La porte de l'école ressemblait à une grande bouche en béton armé : tout d'un coup, elle crachait deux élèves puis, l'instant d'après, deux autres ; elle refusait de les expulser carrément tous d'un seul coup.

Huizi se cacha derrière le tronc d'un platane, pour que Jin Ling ne la voie pas. La première à sortir fut Hu Mei, chef de la classe de Jin Ling. Elle fut suivie par Liu Yaru, puis ce garçon que Jin Ling évoquait toujours avec indignation, Ni Zhiwei. Ensuite la porte laissa passer la boulotte Jin Ling qui marchait main dans la main avec sa meilleure amie, Yang Xiaoli. Apparemment Jin Ling réussissait à terminer ses devoirs assez vite, se consola Huizi.

Les deux fillettes se séparèrent devant l'école, l'une prit à gauche, l'autre à droite. Une fois seule, Jin Ling se mit à marcher à toute allure, comme si elle avait un rendez-vous extrêmement important et qu'elle était prise par le temps. Huizi la suivit en poussant son vélo sur le trottoir d'en face.

Jin Ling prit une ruelle à côté du marché, passa à toute vitesse devant un petit étal de livres tirés de dessins animés japonais puis, sans hésiter, connaissant parfaitement le chemin, tourna dans une autre ruelle. Au bout d'une vingtaine de mètres, elle s'arrêta devant une très vieille porte en fer et sonna. Huizi, au bout de la rue, se cacha derrière un éventaire à journaux surmonté d'une bâche contre la pluie ; les yeux écarquillés, elle n'osait relâcher son attention, ne fût-ce qu'une seconde.

Le portail en fer s'ouvrit au bout d'un tout petit moment, la personne qui avait ouvert avait certainement dit quelque chose de drôle à Jin Ling, car celle-ci, renversant sa tête en arrière, partit d'un grand éclat de rire et entra d'un bond à l'intérieur.

Huizi était très énervée : de là où elle était, elle n'avait vu que Jin Ling, elle n'avait pas pu distinguer qui avait ouvert la porte, un homme ou une femme, une personne âgée ou un enfant. Décidée à en avoir le cœur net et sous le coup de l'énervement, sans même se préoccuper de savoir si Jin Ling risquait de l'apercevoir ou non, Huizi posa son vélo contre le stand de journaux en disant : « Surveillez mon vélo, s'il vous plaît », et se rua à la poursuite de Jin Ling. Les personnes qui se pressaient autour du stand pour acheter le journal, en voyant Huizi, une femme d'une quarantaine d'années, se précipiter soudain comme s'il y avait le feu, la suivirent tous des yeux. Quelqu'un s'inquiéta avec sollicitude : « Elle s'est fait voler son portefeuille ? » D'autres, plus aimables encore, ne perdirent pas de temps à poser des questions et coururent à sa suite, décidés à jouer les redresseurs de torts pour l'aider à récupérer son bien. Huizi s'arrêta et se retourna vers ses poursuivants : « Tout va bien, je fais du sport pour entretenir ma santé. » Ceux-ci s'arrêtèrent net, l'air en colère comme s'ils venaient de se faire escroquer.

Quand Huizi, qui avait été retardée par ses poursuivants, arriva devant la porte en fer, Jin Ling avait déjà gravi le petit escalier qui menait à l'entrée de la maisonnette ; elle tenait par le bras la personne qui lui avait ouvert. Huizi, qui les voyait de dos, s'aperçut avec étonnement qu'il s'agissait d'une vieille femme aux cheveux blancs s'appuyant sur une canne pour marcher.

La silhouette lui était familière. Huizi se mit à réfléchir, à chercher. Qui était-ce ? Comment Jin Ling la connaissait-elle ? Pourquoi venait-elle ici tous les jours après l'école ? Non seulement cela n'affectait pas ses résultats scolaires, mais au contraire cela la faisait progresser. Bizarre, bizarre…

Huizi retourna au stand de journaux récupérer son vélo. Le vendeur lui tendit la main : « Ça fait vingt centimes.

— Vingt centimes pour quoi ? demanda Huizi, ébahie.

— J'ai surveillé votre vélo, vous me devez donc vingt centimes », répondit effrontément le vendeur.

Huizi, préoccupée, n'avait pas envie de discuter. Elle sortit deux pièces, les jeta sur le stand, et partit avec son vélo. Au bout de quelques mètres, elle eut une illumination :

ce n'était pas possible ! Cette vieille dame n'était autre que Sun Shuyun, un professeur hors classe très célèbre autrefois. L'année précédente, pour la Fête des Femmes le 8 mars, le magazine avait organisé une grande réception réunissant d'importantes personnalités féminines. Mme Yu avait envoyé chercher Mme Sun en voiture. On racontait aussi que le professeur Sun était riche, car elle avait hérité d'une grande fortune. Incroyable, incroyable ! Comment ne l'avait-elle pas reconnue tout de suite ?

Huizi était tellement ébranlée par sa découverte qu'elle en oublia de monter sur son vélo. Elle marcha jusqu'à chez elle en le poussant. Au pied de l'immeuble, elle tomba sur Jin Yiming qui l'avait précédée de peu. Complètement affolée, elle bredouillait : « Ce n'est pas possible… Ce n'est pas possible…

— Qu'est-ce qu'il y a ? Qu'est-ce qu'il y a ? » demanda Jin Yiming, très inquiet.

Au pied de l'escalier, elle lui fit part de sa découverte. Jin Yiming était soulagé : « A l'avenir, ne te mets pas dans des états pareils pour n'importe quoi ! Heureusement que je ne suis pas cardiaque !

— N'importe quoi ? protesta Huizi. Mais ça concerne Jin Ling !

— Sauf si Jin Ling était kidnappée, ce n'est pas la peine de te mettre dans des états pareils ! »

Huizi ne se souciait guère de l'attitude de Jin Yiming. En montant les escaliers avec lui, elle lui expliqua, essoufflée, que le professeur Sun n'était pas n'importe qui, qu'elle était connue dans la Chine entière, qu'elle avait déjà entendu parler d'elle quand elle était encore à l'école primaire. Le professeur Sun avait mis au point une méthode d'enseignement des mathématiques, elle ne se rappelait plus exactement ce dont il s'agissait, mais sa méthode était célèbre.

« Tu te rends compte, c'est elle qui donne tous les jours des cours à Jin Ling ! Oh ! là, là ! Jin Yiming, tu te rends compte ? »

Ils étaient arrivés devant la porte de l'appartement et Jin Yiming sortit ses clés pour ouvrir : « C'est vrai, c'est un peu bizarre. Peut-être qu'un enfant de la famille du professeur Sun est dans la même classe que Jin Ling, et qu'ils sont amis ? Le professeur Sun s'occuperait en même temps des deux ?

— Je veux tirer cette affaire au clair, je vais demander à Jin Ling.

— Surtout pas ! s'exclama Jin Yiming. Jin Ling nous a dit que c'était un secret, elle tient à le garder jalousement, il faut respecter sa volonté. »

Mais c'était au-dessus des forces de Huizi. Dès que sa fille rentra, Huizi, tout sourire, n'arrêta pas de tourbillonner autour d'elle, lui demandant si elle avait soif, si elle avait faim, si elle était fatiguée. Toutes ces attentions finirent par inquiéter Jin Ling qui se précipita dans le bureau de Jin Yiming : « Il y a quelque chose qui ne tourne pas rond chez maman aujourd'hui ? Elle a mangé quelque chose de bizarre ? »

Jin Yiming la réprimanda : « Ne dis pas n'importe quoi ! Ta mère va très bien, elle n'a rien mangé du tout.

— A ce qu'il paraît, quand on mange quelque chose qu'on ne supporte pas, on peut avoir des hallucinations et se comporter bizarrement », répondit très sérieusement Jin Ling.

Jin Yiming pouffa de rire, ce qui donna l'impression à Jin Ling que chez son père aussi, quelque chose ne tournait pas rond.

Le soir, alors que Jin Ling faisait ses devoirs, Huizi s'assit à côté d'elle sous un prétexte quelconque et lui demanda gentiment : « Tu n'as pas l'impression d'avoir les idées plus claires depuis quelque temps ?

— Si.

— Tu te trompes moins en maths ? »

Jin Ling acquiesça de la tête.

« Il y a comme une voix qui te dit comment t'y prendre pour faire les problèmes ? »

Jin Ling devint méfiante et regarda sa mère, les sourcils froncés : « Où veux-tu en venir ?

— Nulle part, sourit Huizi. Je veux dire que… Tu ne te rends pas compte de ta chance… C'est incroyable… vraiment !

— Maman ! » la rappela à l'ordre Jin Ling.

Huizi sentait que si elle continuait à parler, elle ne pourrait pas s'empêcher de lâcher les mots « professeur Sun », aussi sortit-elle immédiatement de la chambre de Jin Ling.

Après avoir découvert que le professeur Sun aidait Jin Ling, comme Huizi était très soucieuse de faire bonne figure en société, elle n'en dormit pas de plusieurs nuits : elle était très touchée et avait l'impression d'être en dette envers le professeur Sun. Dans la vie, il ne fallait pas se montrer ingrat ; de plus, cette sommité s'occupait de Jin Ling à un moment crucial, juste avant les examens. Et les résultats de Jin Ling s'étaient immédiatement améliorés : Huizi ne pouvait qu'être très reconnaissante au professeur Sun.

Elle discuta avec Jin Yiming : une visite de politesse au professeur Sun ne s'imposait-elle pas, pour la remercier de vive voix ? Jin Yiming trouva que ce n'était pas une bonne idée, le professeur ne voulait peut-être pas que cela se sache. Huizi répliqua : « Mais ce n'est pas possible de continuer comme ça. Je suis au courant et, en faisant semblant de ne pas l'être, je manque aux règles les plus élémentaires de la politesse. Je n'ai pas l'habitude de me comporter de manière aussi impolie. »

Huizi n'écouta pas Jin Yiming et décida d'y aller quand même.

Evidemment, elle ne pouvait pas arriver les mains vides. Elle se creusa longuement la tête pour trouver un cadeau pas trop banal et approprié. D'abord, elle pensa à acheter des fortifiants pour personnes âgées, comme cela se faisait souvent ; puis elle pensa à un service à thé, mais elle trouva finalement que ce n'était pas adéquat. Au bout du compte, elle décida de lui offrir les volumineuses œuvres complètes du célèbre auteur de romans de cape et d'épée, Jin Yong, spécialement imprimées en gros caractères pour les gens qui voyaient mal. Les personnes âgées avaient le temps de lire et adoraient ce genre de roman.

Huizi se rendit chez Mme Sun à trois heures de l'après-midi, pour ne pas tomber sur Jin Ling. Elle sonna au portail en fer. La vieille dame, appuyée sur sa canne, vint ouvrir ; prenant Huizi pour le médecin envoyé gratuitement par le dispensaire du quartier chez les personnes âgées, elle ne lui laissa pas placer un mot, lui expliqua qu'elle était en bonne santé, qu'elle n'avait besoin de rien. Huizi s'efforça de ne pas éclater de rire : « Je ne suis pas médecin, je suis la mère de Jin Ling ».

La vieille dame plissa les yeux d'un air soupçonneux : « Elle vous a dit pour les cours particuliers ? » demanda-t-elle, mécontente.

Huizi s'empressa de lui avouer qu'elle avait suivi Jin Ling à son insu.

La vieille dame resta silencieuse un moment avant de dire : « Avec Jin Ling, nous avions conclu un marché : si quelqu'un découvrait notre secret, les cours s'arrêtaient immédiatement. Vous pouvez donc dire à votre fille de ne pas revenir. »

Huizi était atterrée ; elle en avait des sueurs froides. A plusieurs reprises, elle demanda la raison de cette décision. La vieille dame répondit qu'il n'y en avait pas, mais qu'elle n'aimait pas que les adultes s'immiscent dans ses relations avec les enfants.

« Je vais m'en aller, faites comme si je n'étais pas au courant.

— Mais vous l'êtes. » La vieille dame s'entêtait : « Vous avez enfreint les règles du jeu, continuer n'a plus aucun intérêt.

— Mais ses résultats en maths venaient tout juste de s'améliorer… »

La vieille dame eut un geste de dénégation de la main : « Vous vous trompez, je n'y suis pour rien, je ne l'ai jamais aidée en maths. Je l'ai juste aidée à avoir un peu plus confiance en elle, je lui ai fait comprendre qu'elle pouvait y arriver. Elle fait ses devoirs et moi, assise à côté d'elle, je regarde, c'est tout.

— Mais elle a confiance en vous…

— Elle peut aussi avoir confiance en vous, non ? » La vieille dame esquissa un léger sourire : « Elle est adorable, très soucieuse de bien faire. Dommage que nous soyons obligées d'interrompre nos rencontres.

— On ne pourrait pas…

— Non, on ne peut pas. Je n'ai jamais manqué à ma parole. »

Huizi, devant l'expression obstinée de la vieille dame, s'en voulut à mort.

Evidemment, la vieille dame refusa également les œuvres de Jin Yong, elle accepta toutefois de les lire, en disant qu'elle les rendrait quand elle aurait fini. « Ces livres sont trop chers, déclara-t-elle, je ne les mérite pas. »

Le soir, quand Jin Ling se rendit chez grand-mère Sun, celle-ci refusa de la laisser entrer. Elle l'autorisa cependant à venir les dimanches, pour l'aider à arracher les mauvaises herbes et à transplanter les jeunes pousses dans le jardin. Quand Jin Ling arriva à la maison, elle était tellement furieuse qu'elle déclara qu'elle entamait une grève de la faim. Mais elle ne tint bon que deux heures. Quand sa mère lui eut présenté ses sincères excuses, Jin Ling qui avait bon cœur lui pardonna.

Ses résultats en maths continuèrent toutefois à s'améliorer, Jin Ling faisait maintenant partie des dix premiers de la classe. Peut-être que ses visites dominicales suffisaient à la motiver et qu'elle ne voulait pas décevoir l'affection que lui portait grand-mère Sun.

Vas-y, fonce !

L'épreuve de chinois pour l'entrée au collège fut fixée au matin du 28 juin. L'épreuve de maths au matin du 29, et celle d'anglais à l'après-midi du même jour. Le directeur de l'école, qui craignait que ce ne soit pas assez clair pour certains élèves, traça les dates en grands caractères sur une feuille rouge qu'il accrocha sur le tableau d'affichage à l'entrée de l'établissement.

Les épreuves, communes à toutes les écoles primaires du district, devaient se dérouler en huit endroits, l'un d'eux étant l'école de la rue Xinhua. Pour les élèves de l'établissement, c'était pratique : ils n'avaient pas besoin de se rendre en reconnaissance la veille de l'examen, pour se familiariser avec un nouvel endroit et localiser leur place.

Le 27 au matin, monsieur Zhang, le professeur de maths, vint dans la classe pour donner ses dernières recommandations avant l'examen. Que faire si l'on tombait sur un problème difficile que l'on n'arrivait pas à résoudre ? Que faire si l'on perdait tous ses moyens sous le coup de l'émotion ? Que faire si l'on découvrait que le matériel distribué comportait des erreurs ? Comment vérifier ses calculs ?... Il passa en revue tous les problèmes qui pouvaient se présenter du début à la fin de l'examen, et exposa les mesures adéquates pour y faire face, en demandant aux élèves de bien les retenir.

« Ah, une dernière chose ! » Il jeta un coup d'œil furtif vers la porte de la classe qu'il alla fermer tout doucement. « Une dernière chose, mais cela doit rester entre nous. »

Très décontracté, comme s'il racontait une blague, il énuméra toutes les tricheries des années précédentes. Par exemple, certaines écoles avaient demandé à leurs élèves de faire un petit trou dans leur copie censée être anonyme ; ainsi, si par chance c'était un professeur de leur école qui devait les corriger, celui-ci pouvait les reconnaître. Evidemment, on ne pouvait pas transformer des réponses fausses en réponses justes, mais on pouvait faire preuve d'indulgence. Or, l'admission dans un bon collège se jouait quelquefois à un ou un demi-point près : la réussite d'un élève profitait à l'intéressé évidemment, mais elle rejaillissait aussi sur ses professeurs, et sur son école. Comme faire un petit trou dans les copies était assez voyant, d'autres écoles avaient utilisé la technique de la « fiente d'oiseau » : elles avaient demandé à leurs élèves de se munir de liquide correcteur blanc, et d'en laisser tomber une goutte en haut de la première page de leur copie.

Le professeur Zhang prit un air déçu : « C'est vraiment dommage que tous ces trucs aient été percés à jour. A nouveaux maux, nouveaux remèdes ! Ce n'est pas si facile de tricher. » Il jeta un coup d'œil furtif par la fenêtre et, après s'être assuré qu'il n'y avait personne, continua : « Mais nous, nous allons être plus malins, nous allons utiliser un moyen bien plus subtil. Pour cet examen, vous allez tous utiliser le même stylo à bille bleu, regardez bien, ce genre de stylo-là. »

En brandissant dans sa main un stylo à bille transparent, il descendit de l'estrade et passa entre les tables pour le montrer à chaque élève. « Vous avez bien vu ? Ceux qui n'en ont pas iront en acheter un cet après-midi. La papeterie en face de l'école en vend. Mais surtout, ne dites rien à personne, même pas à vos parents ! Motus et bouche cousue ! » Il sortit de la classe en brandissant un poing menaçant en direction de ceux qui contreviendraient à ses recommandations.

Tous les élèves, à la fois excités et rassurés, s'agitaient sur leurs chaises.

Mais quelques minutes plus tard, le professeur Zhang revint en toute hâte : « Non, non, ce n'est pas possible ! D'après le directeur de l'école, les conditions d'examen seront encore plus sévères cette année que les années précédentes, si l'on découvrait qu'une école triche, tous ses élèves auraient zéro ! Laissez tomber, mieux vaut ne pas prendre de risque. » Il agita la main : « Oubliez ce que j'ai dit. De toute manière, s'indigna-t-il, je ne vois pas pourquoi notre école aurait de moins bons résultats en maths que les autres ! »

Toute la classe éclata de rire. Le professeur Zhang se gratta la tête, et se mit à rire aussi, dévoilant une rangée de dents régulières.

L'après-midi, il n'y avait pas cours. Le professeur Xing ordonna aux élèves de ne plus toucher à leurs cahiers et à leurs livres, de bien se reposer et de se détendre. Jin Ling appliqua l'ordre à la lettre, et s'opposa fermement à Huizi qui lui suggérait de réviser encore. Elle tenta d'obtenir l'autorisation de regarder la télévision mais, devant le refus de sa mère, elle n'insista pas. Elle prit des feuilles et des feutres, et se mit à dessiner des créatures de rêve. Elle enduisit leurs habits d'une couche de colle, puis broya des craies multicolores en poudre qu'elle souffla sur sa feuille. Très contente de sa trouvaille, elle téléphona à Yang Xiaoli pour lui en faire part.

Huizi pensait : Ce n'est vraiment qu'une enfant, elle ne s'en fait pas le moins du monde !

La grand-mère maternelle arriva pour apporter à Jin Ling quatre gâteaux de riz carrés et quatre autres, qu'elle avait achetés, de forme pyramidale, enveloppés dans une feuille de roseau. Elle n'était pas venue en tandem car le grand-père, qui avait des problèmes cardiaques, devait se reposer.

Huizi dit : « Papa est malade, tu aurais dû rester près de lui.

— Je suis venue apporter ces gâteaux ! expliqua la grand-mère. Les carrés s'appellent des "li", comme le début du mot "lycée", et ceux de forme pyramidale, des "cé", comme la fin du mot "lycée". Ils porteront bonheur à Jin Ling. Toi aussi, quand tu était petite, tu as eu l'examen d'entrée au collège en mangeant ces gâteaux. Tu t'en souviens ?

— Oui, mais maintenant on vit à l'époque informatique », rétorqua Huizi.

La grand-mère fit la moue : « Quel rapport avec l'ère informatique ? Les exercices respiratoires thérapeutiques traditionnels sont toujours utilisés de nos jours pour soigner les gens… »

Huizi se rendit à ses arguments : « Bon, bon, bon, comme tu voudras. »

La grand-mère était à la fois moderne et superstitieuse, un curieux mélange. Plus on discutait avec elle, plus on avait l'esprit embrouillé, mieux valait lui donner tout de suite raison.

Avant de partir, la grand-mère recommanda à Jin Ling : « Veille à ce que ta mère te réchauffe bien ces gâteaux à la vapeur demain matin pour le petit déjeuner.

— Je n'oublierai pas ! » promit Jin Ling d'une voix sonore.

La grand-mère maternelle était satisfaite ; pour elle, c'était réglé, Jin Ling entrerait dans un bon collège.

Huizi dit à Jin Ling : « Tu vas voir, l'autre grand-mère va venir aussi. »

Effectivement, à peine avait-elle fini de parler que l'on entendit la voix de la grand-mère paternelle qui criait, ameutant tout l'immeuble : « Jin Ling ! Je t'apporte de la cervelle de porc ! »

Jin Ling et Huizi échangèrent un regard et furent prises de fou rire.

La grand-mère s'indigna : « Il n'y a pas de quoi rire ! De la cervelle de porc, c'est ce qu'il y a de mieux. En en mangeant, on fortifie son propre cerveau. C'est une vieille recette. Les vieilles recettes sont toujours efficaces.

— On te croit, grand-mère, dit Jin Ling. Mais si, après avoir mangé de la cervelle de porc, je devenais aussi bête qu'un cochon, ce serait ennuyeux. »

La grand-mère frappa dans ses mains : « Oh ! là, là ! je n'ai pas pensé à ça. J'aurais mieux fait d'acheter une grosse tête de poisson.

— Les poissons, c'est bête aussi. »

La grand-mère assena une légère tape sur la tête de Jin Ling : « Petit diable ! Tu te moques de moi. Il n'y a pas plus intelligent que toi. Tu n'as pas besoin de manger de la cervelle, même du foin ferait l'affaire. »

Lors du dîner, Jin Ling fit preuve d'un bel appétit. A elle seule, elle mangea la moitié de la cervelle apportée par la grand-mère. Huizi, qui n'en avait jamais cuisiné, avait suivi les indications de Jin Yiming. Elle l'avait fait cuire au court-bouillon et avait préparé une sauce dans laquelle ils trempèrent les morceaux. Jin Ling trouva que la cervelle de porc, c'était encore plus tendre que le fromage de soja en gelée.

A huit heures, Huizi pressa Jin Ling d'aller au lit. Celle-ci commençait à montrer des signes de trouble. Elle mit de la crème pour le visage de sa mère sur sa brosse à dents à la place du dentifrice. Et quand elle fit sa toilette, elle ne se lava que les cheveux, en aspergeant toute la salle de bains.

Huizi la regarda, interrogative : « Qu'est-ce qui t'arrive ? »

Jin Ling eut un rire forcé : « Ce n'est rien, maman, je me récite des mots que j'écris souvent de travers. »

A neuf heures, Huizi se rendit dans la chambre de Jin Ling. Celle-ci, les yeux grands ouverts, avait l'air préoccupée. « Tu ne pourrais pas me donner un somnifère ? demanda-t-elle.

— Les somnifères, ce n'est pas bon, tu aurais la tête qui tourne demain, répondit Huizi.

— Je pensais que je n'aurais pas peur, mais je suis énervée », dit doucement Jin Ling.

Huizi s'assit au bord du lit et prit la main douce et moite de sa fille dans la sienne : « Ne t'en fais pas, même si tu ratais l'examen, ce ne serait pas grave, car je sais que tu as fait tout ton possible. Et puis, tu auras encore l'occasion de te rattraper, dans trois ans il y a l'examen d'entrée au lycée, tu sais…

— Vraiment, ce ne serait pas grave ? demanda Jin Ling en fixant Huizi avec anxiété.

— Vraiment.

— Tu penserais quand même du bien de moi ?

— Bien sûr ! » Huizi embrassa Jin Ling doucement sur la joue. « J'ai toujours pensé du bien de toi, que tu étais sage, raisonnable et adorable. »

Jin Ling poussa un long soupir de satisfaction, se retourna dans son lit et murmura : « Reste là maman, à côté de moi, pour me tenir la main… »

Elle ne termina pas sa phrase ; de légers ronflements s'élevaient.

Huizi n'osa pas partir tout de suite, de peur de la réveiller ; elle avait toujours sa main dans la sienne, sentant son pouls et la chaleur de son corps. Dans trois ans, songeait-elle, Jin Ling passerait l'examen d'entrée au lycée, et dans six ans, le concours d'entrée à l'université ; aurait-elle alors encore besoin de son soutien comme aujourd'hui ? A ce moment-là, la main de Jin Ling serait sans doute plus grande que la sienne, elle ne pourrait plus la tenir comme aujourd'hui.

Huizi se demandait aussi quelles seraient les conditions d'admission à ce moment-là, seraient-elles plus ou moins faciles ? Jin Ling allait devoir se donner encore beaucoup de mal et fournir beaucoup d'efforts avant d'arriver, tant bien que mal, à se faire une place !

Somnolant par intermittence, Huizi veilla sa fille toute la nuit. Jin Yiming vint voir plusieurs fois sur la pointe des pieds ; de la main, Huizi lui fit signe de ne pas faire de bruit.

« Il lui faut une bonne nuit de sommeil », dit-elle d'une voix endormie.

Quand Jin Ling se réveilla à six heures du matin, toute sa nervosité et son anxiété de la veille s'étaient envolées, elle était gaie comme un pinson. Huizi prit un manuel de chinois et demanda à Jin Ling de réciter quelques textes. D'un souffle, Jin Ling les récita du début à la fin, sans l'ombre d'une hésitation. Huizi était rassurée, Jin Ling avait bien dormi et débordait d'énergie.

Quand la fillette eut terminé de manger les gâteaux de riz apportés par la grand-mère maternelle, Huizi l'accompagna en bas de l'immeuble. Là, elle lui dit : « Je vais aller avec toi jusqu'à la porte de l'école. Ta grand-mère aussi m'a accompagnée, quand j'ai passé l'examen d'entrée au collège.

— Je ne veux pas que tu m'accompagnes, répondit très gentiment Jin Ling. Ce n'est pas la peine. »

Huizi fit comme si elle n'avait rien entendu, et lui prit la main.

Quand elles passèrent devant le petit étal où l'on pouvait manger sur le pouce, la patronne les salua, souriante : « Jin Ling, tu commences ta carrière de lettrée aujourd'hui ? J'espère que tu m'apporteras un de ces assortiments de bonbons qu'on offre pour fêter ça ! »

Jin Ling le promit de bon cœur : « D'accord ! » dit-elle, tout en faisant un signe de la main au petit chat jaune qui s'avançait vers elle.

En sortant de la ruelle, Huizi et Jin Ling s'aperçurent que la rue était pleine d'enfants qui se rendaient à l'examen, accompagnés de leurs parents. Les enfants avaient à la main des pochettes en plastique contenant leur trousse et leur convocation, et regardaient, détendus, à droite et à gauche. Les parents portaient des gourdes, des goûters, des serviettes pour essuyer la sueur et des éventails en papier ; ils avaient du mal à dissimuler leur anxiété. Certains élèves étaient accompagnés par toute leur famille, le père, la mère, les grands-parents paternels, les grands-parents maternels, une véritable procession. Des familles qui n'habitaient pas le quartier, de peur d'arriver en retard, étaient venues en taxi. Entre les klaxons des voitures et tous les gens qui parlaient en même temps, l'animation était à son comble.

Jin Ling aperçut Shang Hai et Yang Xiaoli. Elle eut l'impression qu'elle ne les avait pas vus depuis une éternité. Elle les héla et se libéra de la main de Huizi pour se précipiter vers eux. Mais Huizi la retint et la raisonna : elle avait remarqué que certaines mères profitaient des dernières minutes pour faire des recommandations importantes à leurs enfants.

Soudain, une moto arriva en vrombissant derrière elles. Effrayée, Huizi tira vite Jin Ling de côté.

Le conducteur de la moto était un jeune homme d'une vingtaine d'années à fière allure, il portait une combinaison blanche comme neige et un casque rouge. Son passager, assis derrière lui, était vêtu d'une chemise et d'un pantalon en soie rouge, et coiffé d'un casque blanc. Le jeune homme arrêta la moto juste devant Jin Ling, posa un pied par terre et inclina la moto pour permettre à son passager de descendre. Les mouvements de celui-ci étaient un peu hésitants, le jeune homme se retourna pour l'aider.

Une fois à terre, la personne enleva son casque face à Jin Ling.

« Grand-mère Sun ! » s'exclama Jin Ling.

Huizi était tout aussi étonnée, elle ne s'était absolument pas doutée que le passager pouvait être la vieille Mme Sun qui avait du mal à marcher. Elle resta stupéfaite un moment, ne comprenant pas ce qui se passait.

Avec son casque, grand-mère Sun assena un petit coup sur la tête de Jin Ling : « Tu as le trac ?

— Non, dit Jin Ling en souriant.

— Très bien, dit grand-mère Sun. Rappelle-toi ce que je t'ai dit l'autre jour, qu'est-ce qu'il faut faire quand on tombe sur un sujet qu'on ne maîtrise pas tout à fait ? »

Jin Ling s'apprêtait à répondre, mais grand-mère Sun mit un doigt sur ses lèvres : « Chut ! Ne le dis pas, c'est un secret ! »

Grand-mère Sun regarda Huizi en riant. Jin Ling aussi se tourna vers sa mère en riant. Grand-mère Sun dit à Huizi : « Il faut faire confiance à votre fille. » Elle ajouta : « Jin Ling, n'oublie pas de venir me voir à la fin des examens, il faut qu'on s'occupe des rosiers, qu'on les débarrasse des pucerons. »

Elle remit son casque et, en s'appuyant sur le jeune homme, remonta sur la moto. Cette vieille dame avait vraiment un cœur d'enfant.

Le directeur de l'école, le professeur Xing, le professeur Zhang, le professeur d'anglais… et d'autres enseignants encore étaient debout devant la porte de l'école et encourageaient chaque élève qui entrait. Le directeur disait : « Appliquez-vous ! » Le professeur Xing disait : « Concentrez-vous ! » Le professeur Zhang disait : « N'oubliez pas de relire vos copies ! » Le professeur d'anglais ne disait rien ; souriant, il se contentait de faire avec ses doigts le signe V de la victoire, à la manière occidentale.

Jin Ling pénétra dans l'école par la porte entrouverte, les parents n'étaient pas autorisés à entrer. Tous se dressaient sur la pointe des pieds pour tâcher de suivre leur enfant et tendaient le cou par-dessus les têtes des gens qui bougeaient devant eux. La chaude lumière d'été se déversait sur les enfants ; le soleil accompagnait d'un rythme joyeux leur pas sautillant, qui contrastait avec les visages soucieux des adultes.

Huizi eut un réflexe très professionnel : elle se dit qu'elle pourrait en profiter pour faire des interviews, que cela constituerait sûrement un bon reportage qui pourrait faire la une du prochain numéro du magazine.

Une première sonnerie retentit. Elle vrilla l'air, stridente. Les enfants qui n'étaient pas encore entrés dans l'école accélérèrent le pas. En elle-même, Huizi hurla : Vas-y, fonce !

Achevé d'imprimer
sur les presse de
l'imprimerie France Quercy
à Mercuès

Dépôt légal : septembre 2006
N° d'impression : 62115